Petra Weber

Hörfunkpraxis:
Texte & Töne

Stimmbildung

Übung „Vokale"
Nehmen Sie die Grundposition ein und kombinieren Sie zunächst die einzelnen Vokale mit dem Lippenlaut m: mit Zwerchfellatmung Luft holen und auf ma ausatmen, dann mit me, mi, mo, mu, mä, mä, mü, mei, meu, mau weitermachen. Anschließend die komplette Vokalfolge auf einen Atem sprechen.

Gegen vernuscheltes Sprechen hilft ein altbewährtes Bühnenmittel: Flaschenkorken. Nimmt man einen Korken zwischen die Vorderzähne und versucht gegen den Widerstand möglichst deutlich zu sprechen, muss man den Mund weit öffnen und kann klar artikulieren. Nach dem Herausnehmen des Korkens klingen Texte gleich viel verständlicher. Der Korkentrick empfiehlt sich ebenso wie die Übung „Einstimmen" bei Radioauftritten für die Einlesephase vor dem Mikrophon. Fortgeschrittene sollten noch an den Endsilben feilen, vor allem en- und em-Endungen werden gerne verschluckt. Der Sprechkodex beim Rundfunk ist hier nicht so streng wie auf der Bühne. Zu genaue Aussprache führt auch leicht zu einer theatralischen Akzentuierung. Im Idealfall sollte sauber und natürlich gesprochen werden.

Übung „Endsilben"
Sprechen Sie folgende Sätze mit Zwerchfellatmung und achten Sie dabei besonders auf die Aussprache der Endsilben:
- *Beim Telefonieren macht ihm die Nummernnennung keine Mühe mehr*
- *Wenn mancher Mann wüßte, wer mancher Mann wär, gäb' mancher Mann manchem Mann manchmal mehr*

Ehr. Doch mancher Mann weiß nicht, wer mancher Mann ist, drum mancher Mann manchen Mann manchmal vergisst
– *Man bemerkte manchmal große Menschenansammlungen am Markte*

Die meisten Dialektfärbungen bringen eine Überbetonung der Vokale mit sich. Da die klanglich dominanten Buchstaben a, e, i, o, u, ä, ö, ü, ei, eu und au sich ohnehin gerne in den Vordergrund drängeln, gilt die Sprechregel, dass grundsätzlich von Konsonant zu Konsonant gesprochen wird. Das klingt einfach, erfordert aber Übung, damit die korrekte Aussprache auch im natürlichen Redefluss funktioniert.

Übung „Konsonanten"
Mit Zwerchfellatmung folgende Sätze sprechen:
M verdeutlicht die Sprache: Mäuse messen mein Essen
L macht die Sprache flüssig: Lämmer leisten leises Läuten
B umhüllt das Wort: Bei biedern Bauern bleib brav
K wird hart gesprochen: Komm kurzer kräftiger Kerl

Besonders wichtig im Radio ist der Umgang mit den Zischlauten. Auch ein sauber gebildetes S kann vor den empfindlichen Mikrophonen scharf und unschön wirken. Wenn man ohne den Einsatz von S-Filtern auskommen möchte, empfiehlt es sich, die dezente Betonung des S, SCH und Z zu üben.

Übung „Zischlaute"
Sprechen Sie folgende Sätze mit Zwerchfellatmung und ach-

Stimmbildung 15

ten Sie darauf, bei den Zischlauten nicht zu viel Druck auszuüben. Am besten vor dem Mikrophon trainieren:
- *Erfahrungsgemäß können Stressjobs zu Kurzschlusshandlungen führen*
- *Im Mittagsjournal gaben sich fünf Journalisten ein Stelldichein*
- *Lustspiele William Shakespeares sind mit dankbaren Chargen gefüllt*
- *Unterscheide Referenzen von Reverenzen und Lektionen von Reflektionen*
- *Tauschst Du gegebenenfalls die morgige Unterrichtsstunde mit Zensi?*
- *Zirzensische Sensationen begeistern Jung und Alt*
- *Im September sind die meisten Sensationen über Seeungeheuer im Fernsehen zu sehen*
- *Salami und Sellerie sind sehr gesunde Lebensmittel sowie Zitronen, Salat und Zimt*
- *Siebenmal sieben gibt sehr feinen Sand*

Der häufigste Sprachfehler, das Lispeln, entsteht durch eine Fehlhaltung der Zunge. Bei der Bildung der Zischlaute gehört die Zunge nicht zwischen die Zähne, sondern hinter die obere Zahnreihe. Die Fehlhaltung lässt sich durch Zungentraining und Sprechübungen sehr gut beheben, dies sollte aber in Begleitung einer Logopädin oder eines Logopäden geschehen.

Sprechrhythmus

Satzzeichen sind als Gliederungseinheiten für das Sprechen ungeeignet. Der Sinnzusammenhang eines Gedankens kann über einen Punkt hinausreichen, ein Komma muss nicht unbedingt eine Pause bedeuten. Eine trainierte Zwerchfellatmung ermöglicht zweierlei: genügend Luft zu haben, um einen Sprechbogen auch über mehrere Sätze zu halten und in Pausen nahezu unhörbar einzuatmen.

Übung „Atempause"
Nehmen Sie die Grundposition ein: Füße, Becken und Schultergürtel bilden eine Linie. Knie nicht durchstrecken, Wirbelsäule gerade halten und Schulterpartie entspannen. Legen Sie eine Hand auf das Zwerchfell und atmen Sie langsam durch die Nase gegen die Hand ein. Dann immer ein Wort auf einen Atem sprechen, per Bewegung des Zwerchfells neue Luft zuführen und das nächste Wort auf einen Atem sprechen. Achten Sie besonders auf das Einatmen, es darf keine Schnappatmung entstehen:
komm – komm doch – komm doch her
grau – grau – graublau – graublaue Frau
fertig – mache dich fertig!
harte, starke a – a – a
Finger sind i – i – i
bei tapferen a – a – a
Leuten schon a – a – a
leicht i – i – i
zu finden u – u – u

Sprechrhythmus

Ein Wort / Buchstabe pro Ausatmer, der Bindestrich steht für das erneute Einatmen.

Um den richtigen Sprechrhythmus zu finden, hilft es, zunächst den Text möglichst wortgetreu nachzuerzählen, am besten einem realen Gegenüber. Denn unsere Alltagssprache ist zwar nicht frei von Dialektfärbungen oder sprachlichen Manierismen, aber doch von falschen Pausen und Überbetonungen, die sich bei einem Vortrag oder dem Vorlesen einschleichen. Mündliches Mitteilen ist sinnorientiert und damit rhythmisch richtig. Es klingt simpel, wenn man sagt, gutes Vorlesen heißt, den Inhalt deutlich zu machen. Die meisten Menschen haben sich einen monotonen Duktus angewöhnt, den sie sich erst einmal wieder abtrainieren müssen. Dabei kann man sich an dem Vorgehen von SchauspielerInnen orientieren. Rollenstudium besteht darin, einer Bühnenfigur Leben einzuhauchen, die vorgegebenen Worte eines Dramatikers für das Publikum nachvollziehbar zu machen. Ebenso wie SchauspielerInnen Texte interpretieren, um sich in seine Rolle einfühlen zu können, sollten sich RadiojournalistInnen deutlich machen, was sie mit ihren Beiträgen den HörerInnen sagen wollen.

Übung „Bühnenfigur"
Das Lustspiel „Die Journalisten" von Gustav Freytag zeichnet ein bissiges Bild vom Zeitungsbetrieb. Ein gutes Übungsbeispiel. Versuchen Sie, eine der Rollen möglichst natürlich und lebendig zu sprechen. Es ist ein Dialog zwischen zwei Zeitungsredakteuren, der aber natürlich ebenso gut zwischen Redakteurinnen geführt werden könnte.

Die Journalisten

Oldendorf: Guten Tag, Conrad.

Bolz: Dein Eingang sei gesegnet! Dort liegt die Korrespondenz; es ist nichts Wichtiges.

Oldendorf: Hast du mich heut hier nötig?

Bolz: Nein, mein Herzblatt, die Abendnummer ist fertig, für morgen schreibt Kämpe den Leitartikel.

Oldendorf: Worüber?

Bolz: Kleines Vorpostengefecht mit dem Coriolan. Wieder gegen den unbekannten Korrespondenten mit dem Pfeil, welcher unsere Partei angegriffen hat. Aber keine Sorge, ich habe dem Kämpe gesagt, er solle den Artikel sehr würdig halten.

Oldendorf: Um alles nicht! Der Artikel darf nicht geschrieben werden.

Bolz: Ich verstehe das nicht. Wozu hat man seine politischen Gegner, wenn man sie nicht angreifen darf?

Oldendorf: So höre. Diese Artikel sind vom Obersten verfasst, er selbst hat es mir heut gesagt.

...

Bolz: Und was verlangt der Oberst von dir?

Oldendorf: Er wird sich mit mir aussöhnen, wenn ich die Redaktion der Zeitung niederlege und als Wahlkandidat zurücktrete.

Bolz: Teufel, das ist wenig gefordert.

Regeln für die Satzintonation sind wichtig, um Texte für das Einsprechen im Studio schnell und gut strukturieren zu können. Der Hauptakzent wird mit einem • Punkt gekennzeichnet, die Pause mit einem Strich **I**, eine Atempause mit einem Doppelstrich **II**. Bei der weiterführenden Pause wird die Stimme in der mittleren Tonhöhe gehalten **Γ**, die terminale Pause zeigt den Ende des Gedankenganges an mit einem Senken der Stimme **IΝ**. Eine erhobene Stimme erfordert die interrogative Pause **ſ**, die oft durch ein Fragezeichen gekennzeichnet ist.

Text mit markierter Satzintonation:

Bertolt Br•echt **Γ**

M•ühsal der B•esten **IΝ**

„Woran arb•eiten Sie?" **ſ** wurde Herr K. gefragt. **Γ**

H•err K. antwortete: „Ich habe viel M•ühe, **Γ**

ich bereite meinen nächsten Irrt•um vor." **IΝ**

Am Text „Mühsal der Besten" von Bertolt Brecht lässt sich zeigen, dass die Hauptbetonung keineswegs immer auf Substantiven liegt, auch Verben oder Adjektive können im Vordergrund stehen. Terminale Pausen sind seltener als angenommen. Oft reichen Gedankengänge über zwei Sätze. Wenn man unsicher ist, wo die Notierungen hingehören, empfiehlt es sich, den Text laut zu lesen und dann die Akzente und Pausen zu setzen.

Übung „Pausenzeichen"
Bitte Akzente und Pausenzeichen setzen und den Text mit Zwerchfellatmung sprechen.

Bertolt Brecht

Das Lob

Als Herr K. hörte, daß er von früheren Schülern gelobt wurde, sagte er: „Nachdem die Schüler schon längst die Fehler des Meisters vergessen haben, erinnert er selbst sich noch immer daran."

Jeder Text erfordert einen anderen Sprechrhythmus und mit der Tonhöhe lässt sich die Klangfarbe der Stimme variieren. Beim Nachrichtensprechen gibt es die wenigsten Spielräume. Streng sachlich soll die Sinnbetonung sein. Da besteht die Gefahr, dass die HörerInnen sich zwar informiert fühlen, aber nicht wirklich zuhören. Jede Geschichte dagegen lebt von erwartungsvollen Pausen, spannendem Tempo und abwechslungsreichen Tonhöhen. Um sich monotones oder abgehacktes Sprechen abzugewöhnen, eignet sich die Bogenübung mit R-Wörtern. R ist nicht nur der Anfangsbuchstabe von Rhythmus, sondern verleiht der Sprache auch Takt und Schwung.

Übung „Bogensprechen"
Mit Zwerchfellatmung Tonhöhen varriieren. Sprechen Sie folgenden Phantasiesatz auf einen Atem und mit ansteigen-

der und absteigender Lautstärke: Redlich ratsam – rüstet rühmlich – riesig rächend – ruhig rollend – reuige Rosse

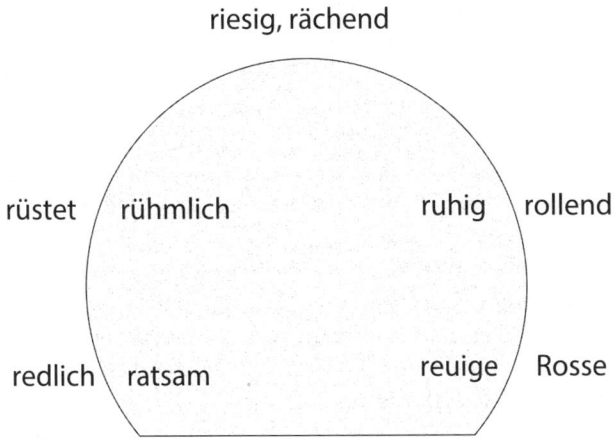

Mindestens eine Rhythmusübung sollte im täglichen Sprech-Trainingsprogramm vorkommen. Wie beim Klavierspielen: Erst werden die Etüden durchgearbeitet und dann kann man sich an die Interpretation wagen.

Betonung

Die persönliche Klangfarbe der Stimme ergibt sich aus der optimalen Beatmung des Tons und der Ausnutzung des Nasenschallraumes. Da jeder Mensch nur die Resonanz seiner Stimme hört, muss man einen Trick anwenden, um das eigene Sprechen wahrnehmen zu können wie die ZuhörerInnen: beide Hände hinter die Ohren legen und die Ohrmuschel nach vorne drücken. Dann kann man den eigenen Text sich selbst zu Gehör bringen. Neben Atmung, Stimmbildung und Sprechrhythmus ist die angemessene Betonung eines Rundfunkbeitrages wichtig. Verschiedene Stimmansätze schaffen Abwechslung und Aufmerksamkeit. Jeder, der schon einmal ein Märchen vorgelesen hat, weiß, dass es interessanter ist, wenn Figuren durch verschiedene Betonungen voneinander zu unterscheiden sind und überdies die erzählenden Passagen anders vorgetragen werden als die Dialoge. Es werden drei verschiedene Stimmansätze unterschieden: Episches Sprechen steht für den erzählerischen Ton, der Begriff lyrisches Sprechen wird angewandt, wenn leicht und locker betont wird. Dramatik bedeutet eine harte, nachdrückliche Sprechweise.

Übung „Stimmansätze"
Sprechen Sie mit Zwerchfellatmung und wechseln dabei zwischen verschiedenen Stimmansätzen hin und her. A steht für episches, erzählerisches Sprechen; B für lockeres, lyrisches Vortragen; C für nachdrückliche Dramatik.
  A. (Epik) Wäge dein Wollen klar
  B. (Lyrik) Richte dein Fühlen wahr
  C. (Dramatik) Stähle dein Denken starr
  C. (Dramatik) Starres Denken trägt
  B. (Lyrik) Rechtes Fühlen wahrt
  A. (Epik) Klarem Wollen folgt die Tat

Um die Betonung zu üben, bietet es sich an, mit Märchen zu

beginnen, den Figuren unterschiedliche Stimmen zu geben und den Erzählertext episch vorzulesen. Fortgeschrittenen ist zu empfehlen, sich auch einmal an ein Gedicht zu wagen. Kurt Tucholsky hat unter dem Pseudonym Theobald Tiger unterhaltsame, lebensnahe Stücke geschrieben, die sich gut als Trainingsobjekte eignen.

Gefühle

Kennen Sie das Gefühl: „Déja vu"–?
Sie gehen zum Beispiel morgens früh,
auf der Reise, in einem fremden Ort
von der kleinen Hotelterasse fort,
wo die anderen alle noch Zeitung lesen.
Sie sind niemals in dem Dorf gewesen.
Da gackert ein Huhn, da steht eine Leiter,
und Sie fragen – denn Sie wissen nicht weiter –
eine Bauersfrau mit riesiger Schute ...
Und plötzlich ist Ihnen so zumute
– wie Erinnerung, die leise entschwebt -:
Das habe ich alles schon mal erlebt.

Kennen Sie das Hotelgefühl -?
Sie sitzen zu Hause. Das Zimmer ist kühl.
Der Tee ist warm. Die Reihen der Bücher
schimmern matt. Das sind Ihre Leinentücher,
Ihre Tassen, Ihre Kronen –
Sie wissen genau, daß Sie hier wohnen.
Da sind Ihre Kinder, Ihre Alte, die gute –
Und plötzlich ist Ihnen so fremd zumute:
Das gehört ja alles gar nicht mir ...

Ich bin nur vorübergehend hier.

Kennen Sie ... das ist schwer zu sagen.
Nicht das Hungergefühl. Nicht den leeren Magen.
Sie haben ja eben erst Frühstück gegessen.
Sie dürfen arbeiten, für die Interessen
des anderen, um sich Brot zu kaufen
und wieder ins Bureau zu laufen.
Hunger nicht.

Aber ein tiefes Hungern
nach allem, was schön ist: nicht immer so lungern –
auch einmal ausschlafen – reisen können –
sich auch einmal Überflüssiges gönnen.
Nicht immer nur Tag-für-Tag-Arbeiter,
ein bißchen mehr, ein bißchen weiter ...
Sein Auskommen haben, jahraus, jahrein ...?
Es ist alles eine Nummer zu klein.

Hunger nach Farben, nach der Welt, die so weit –
Kurz: das Gefühl der Popligkeit.

Eine alte, ewig böse Geschichte.
Aber darüber macht man keine Gedichte.

Übungsprogramm

Um Ihre Stimme zu trainieren, stellen Sie sich am besten ein kleines Programm aus den verschiedenen Kapiteln zusammen. Ideal ist natürlich, eine Zeitlang möglichst alle Übungen regelmäßig anzuwenden. Auf jeden Fall sollten täglich sämtliche Bereiche – Atmung, Stimmbildung, Sprechrhythmus und Textgestaltung – einmal „drankommen".

Vorschlag A: Übung „Klangkonsole" – Übung „Konsonanten" – Übung „Pausenzeichen" – Gedicht

Vorschlag B: Übung „Luftpumpe" – Übung „Zischlaute" – Übung „Bogensprechen" – Märchen

Vorschlag C: Übung „Einstimmen" – Übung „Endsilben" – Übung „Bühnenfigur" – Eigener Text

Im Selbststudium sind gute Erfolge zu erzielen, vor allem, wenn das Vortragen immer wieder mit einem Gegenüber trainiert wird. Auch vom Singen profitiert das Sprechen: Chormitglieder praktizieren bei Übungen und Auftritten die Zwerchfellatmung. Dieses Übungsprogramm soll aber auch Interesse wecken am Sprechunterricht, denn sachkundige Anleitung ist wichtig für eine professionelle Rundfunkausbildung.

3. Textrezeptur

Radio ist ein schnelles Medium. ReporterInnen im Sendegebiet können sofort und direkt berichten. Über Unfälle, Parteitage oder Konzerte. Mit kleinen transportablen Geräten per Satellitenübertragung, notfalls auch per Handy. Die Programme sind darauf eingerichtet, ständig aktuell zu informieren. Für die JournalistInnen vor Ort heißt es dann, nach der nächsten Musik gehen wir „auf Sendung". Dies wird parallel im Internetstream übertragen, Texte dagegen müssen auch im digitalen Zeitalter zunächst geschrieben werden. „Live" ist ein wichtiges Markenzeichen des Radios, alle journalistischen Genres können vorproduziert oder als Gespräch gesendet werden. Sogar Hörspiele funktionieren im Livemodus. Es gilt das gesprochene Wort! Das Publikum hört zu. Während LeserInnen den Überblick über geschriebene Texte haben, lassen sich HörerInnen überraschen. LeserInnen können selbst bestimmen, welche Textstellen sie aussuchen oder anklicken, die Aufmerksamkeit der HörerInnen muss über die Stimme geweckt werden. Zurückspulen kann man im Radio nur bei Podcasts oder Downloads, wer live hört, muss die Informationen gleich verstehen.

Zeitung / Online	Radio
Text richtet sich ans Auge	Text richtet sich ans Ohr
Hauptbeschäftigung	Nebenbeschäftigung
Schriftbild	Stimme
Lay-out (Photos, Graphiken)	Darbietung (Geräusche, Musik)
Überschriften und Satzzeichen	Betonung und Sprechpausen

Aus der unterschiedlichen Rezeption ergeben sich folgende Radioregeln für JournalistInnen: nicht reden wie gedruckt, sondern erzählen. In's Ohr gehen geschriebene Texte, die verständlich, abwechslungsreich und spannend sind. Bei den informierenden Darstellungsformen Nachricht und Bericht steht die Verständlichkeit im Vordergrund. Die meinungsäußernden Darstellungsformen wie beispielsweise Kommentar und Glosse benötigen eine verständliche und abwechslungsreiche Argumentation. Feature und Reportage sollten eine verständliche, abwechslungsreiche und spannend aufgebaute Geschichte erzählen.

Information

Die gute Nachricht zuerst: Für das Nachrichtenschreiben und -sprechen gibt es klare Richtlinien. Für alle Medien gilt der Grundsatz „Die wichtigste Information gehört an den Anfang". Und eine Nachricht ist eine Nachricht, wenn die W-Fragen beantwortet werden: Wer? Was? Wo? Wann? Wie? Warum?. Diese Regel ist ein Import aus den USA, zu Beginn des 20. Jahrhunderts etablierte sich dort das journalistische Grundgesetz, wobei im Englischen der durchgängige W-Anfang durch das H von how? unterbrochen wird. Die siebte W-Frage Welche Quelle? ergänzten deutsche Journalistenschulen.

Definition Nachricht: Aktuelle Information, die möglichst wertfrei und knapp formuliert ist. Das Wichtigste steht am Anfang. In einer Nachricht werden die sieben W-Fragen (Wer? Was? Wo? Wann? Wie? Warum? Welche Quelle?) beantwortet.

Sprechen lassen sich Nachrichten am besten, wenn Bandwurmsätze und vielsilbige, abstrakte Wörter vermieden werden. Als hörverständlich gelten Sätze mit acht bis vierzehn Wörtern, das entspricht einer Sprechdauer von fünf bis acht Sekunden. In der Printversion einer Nachricht dürfen es ruhig ein paar Wörter mehr sein, beim Lesen werden Sätze mit sechzehn bis achtzehn Wörtern noch als kurz und klar eingestuft. Zum Vergleich hier ein Beispiel aus der Praxis: die Meldung über eine Demonstration gegen den Hauptstadtflughafen in Berlin-Schönefeld als Agenturoriginal und in der Rundfunk Berlin-Brandenburg-Variation.

Nachrichten-Leadsätze

Deutsche Presse Agentur: Gegner des geplanten Hauptstadtflughafens haben eine Menschenkette um das Bundeskanzleramt in Berlin gebildet. Mit der Aktion wollten sie am Samstag gegen Fluglärm demonstrieren. Nach Polizeiangaben vom Sonntag kam es bei der Demonstration zu keinen Zwischenfällen. Rund 1000 Demonstranten verschiedener Bürgerinitiativen beteiligten sich laut einem der Organisatoren an dem Protest. Sie forderten die Politik auf, sich erneut mit einem Nachtflugverbot zu befassen und Verantwortung für Fehler beim Flughafen-Bau zu übernehmen.

Rundfunk Berlin-Brandenburg Radionachrichten: In Berlin finden heute mehrere Demonstrationen statt, die Veranstalter erwarten tausende Teilnehmer. Ab 12 Uhr werben Gewerkschaften für einen Politikwechsel. Gegen staatliche Überwachung des Internets richtet sich eine Demonstration, die um 13 Uhr am Alexanderplatz startet. *Fluglärmgegner aus Brandenburg protestieren um 14 Uhr vor dem Bundeskanzleramt. Die Kundgebung steht unter dem Motto „Fluglärm abwählen". Gefordert wird für den Flughafen BER in Schönefeld ein Nachtflugverbot von 22 bis 6 Uhr.* Im Regierungsviertel sind wegen der Veranstaltungen zahlreiche Straßen gesperrt, auch in Neukölln und Kreuzberg sind Behinderungen zu erwarten.

Rundfunk Berlin-Brandenburg Online: Wann der Flughafen BER eröffnet wird, ist weiterhin unklar. Klar ist: Die Proteste gegen ihn gehen weiter. Am Samstag versammelten sich rund 1000 Menschen vor dem Kanzleramt, um gegen Fluglärm und für ein umfassendes Nachtflugverbot zu demonstrieren.

Die Meldungen zeigen, dass Radio- und Onlinetext besonders verständlich wirken – auch wenn die Abkürzung BER natürlich nur im Sendegebiet Berlin funktioniert. Der Einstieg der Onlinemeldung stellt erst einmal klar, dass der Flughafen noch nicht eröffnet ist. Ein Gedanke ein Satz. Dann folgt der zentrale Inhalt – die Proteste gehen weiter. Die dritte Formulierung ist streng chronologisch aufgebaut, so dass die leichte Überlänge sich nicht allzu sehr auf die

Verständlichkeit auswirkt. Bei der Radionachricht steht der Servicecharakter im Vordergrund. Die HörerInnen werden informiert, wann und wo wegen der Demonstrationen mit Behinderungen im Straßenverkehr zu rechnen ist. Der Satzbau ist klar strukturiert, die wichtigsten Schlagworte stehen immer am Anfang. So lässt sich die Information auch leicht lesen. Hilfreich ist es, vor dem Vortragen im Studio die Zeichen für die Satzintonation zu notieren Die Anleitung dafür findet sich im Kapitel „Sprechrhythmus".

Radiofassung mit markierter Satzintonation:

Fluglärmgegner aus Brandenburg protestieren um 14 Uhr vor dem Bundeskanzleramt ⌐. Die Kundgebung steht unter dem Motto „Fluglärm abwählen" ⌐. Gefordert wird für den Flughafen BER in Schönefeld ein Nachtflugverbot von 22 bis 6 Uhr ⌐.

Wer für das Radio Nachrichten schreibt, muss verständlich formulieren. Diese Erkenntnis lässt sich auch umgekehrt nutzen. Wenn man Texte laut vorliest, werden überflüssige Vorsilben, zu lange Sätze oder schwierig zu sprechende Wörter sofort hörbar. In Meldungen nichts zu suchen haben Substantivierungen wie „Ingewahrsnahme" oder „Schusswaffenbenutzungsberechtigung". Nicht passiv formulieren, wenn es auch aktiv geht: „Er liest das Buch den ganzen Tag" statt „Das Buch wurde von ihm den ganzen

Tag gelesen". Ebenfalls zu vermeiden sind lange Hauptsatz-Nebensatzkonstruktionen à la Heinrich von Kleist: „In M..., einer bedeutenden Stadt im oberen Italien, ließ die verwitwete Marquise von O..., eine Dame von vortrefflichem Ruf und Mutter von mehreren wohlerzogenen Kindern, durch die Zeitungen bekannt machen: dass sie ohne ihr Wissen in andre Umstände gekommen sei, dass der Vater zu dem Kinde, das sie gebären würde, sich melden solle, und dass sie, aus Familienrücksichten entschlossen wäre, ihn zu heiraten." Für seine journalistische Arbeit hätte Kleist den Novellenanfang sicherlich umformulieren können. Die W-Fragen sind beantwortet. Und so hätte es vielleicht geklungen, wenn zu Kleists Zeiten das Radio schon erfunden gewesen wäre:

Die Witwe Marquise von O. aus M. ist ohne ihr Wissen schwanger. Trotzdem will sie den Vater heiraten. Die Mutter mehrerer Kinder bittet den Unbekannten, sich bei der Redaktion zu melden.

Für den Bericht gelten im Grunde die gleichen Standards wie für eine Nachricht: die wichtigste Information an den Anfang stellen und die W-Fragen beantworten, dann chronologisch informieren – vom Wichtigen zum weniger Wichtigen. Der klassische Bericht muss sich vom Ende her kürzen lassen.

Definition Bericht: Ausführliche Information ohne kommentierende Elemente. Der Bericht beantwortet wie die Nachricht die W-Fragen. Aber Ereignisse werden umfassend dar-

gestellt, Zusammenhänge, Vorgeschichte und Hintergründe vermittelt.

Berichte im Radio heißen Beiträge mit Einspielern (BmE), da Sprechpassagen der JournalistInnen mit Originaltönen der InterviewpartnerInnen montiert werden.

Deutschlandfunk – Beitrag mit Einspielern
7,5 Prozent Druck
Chinas Wirtschaftswachstum steht unter Beobachtung
Von Steffen Wurzel

Text: Eine Shoppingmall in Sanya, einem Touristenort im Süden von China. Menschenmassen drängen sich an den schrill dekorierten Schaufenstern vorbei. Das Geschäft brummt, zumindest sieht es so aus. Doch der Schein trügt. Viele Chinesen sagen: Wir sind ein Volk der Window-Shopper. Schaufensterbummel ja, aber massenhaft einkaufen? Das überlassen wir eher anderen. Und das ist genau das Hauptproblem der chinesischen Wirtschaft: Die Binnenkonjunktur ist zu schwach.

O-Ton: „Wir müssen für nachhaltiges Wirtschaftswachstum sorgen, Inflation vorbeugen und mögliche Risiken kontrollieren, um größere wirtschaftliche Schwankungen zu vermeiden. Wir müssen hart arbeiten, um das Ziel bis 2020 zu erreichen. Experten sagen, dafür ist ein jährliches Wachstum von etwa 7,5 Prozent nötig."

Text: Chinas neuer Premierminister Li Keqiang bei seiner ersten Pressekonferenz als Regierungschef im März. Siebeneinhalb Prozent, dieser eher beiläufig erwähnte Wert gilt seitdem als Regierungsvorgabe in Sachen Wachstum. Im Vergleich zu Europa und den USA eine enormer Wert, verglichen mit den Wachstumsraten Chinas in den vergangenen Jahren: ein eher bescheidenes Ziel.

O-Ton: „In den vergangenen fünf Jahren hat die Regierung günstig Geld verliehen, um die Wirtschaft zu beleben. Das hat zu einer Immobilienblase und Über-Investment geführt. Das ist mit Blick auf die Sättigung bei den Exporten keine nachhaltige Lösung."

Text: … sagt der chinesische Ökonom Andy Xie. Mitte 2008 sagte er die US-Finanzkrise voraus, heute prophezeit er der Regierung in Peking wirtschaftliche Probleme, falls sie so weitermachen sollte wie bisher.

O-Ton: „Die Regierung muss das grundsätzliche Wachstumsmodell verändern. Sie sollte die Finger von der Wirtschaft lassen, statt ein Investitionsprogramm nach dem anderen aufzulegen."

Text: Worauf Xie anspielt: Bisher wurde Wachstum in China vor allem durch zwei Faktoren ausgelöst: erstens durch den Export, zweitens durch Investitionen in die Infrastruktur. Beides hat sich in den vergangenen Jahren als sehr anfällig erwiesen. Zum einen der Export. Massenweise billig in China hergestellte Waren in die USA und in die EU zu verkaufen, das funktioniert nicht mehr wie früher. Die Kauflaune ist in Europa und Amerika zurückgegangen. Dazu kommt, dass China ganz einfach nicht mehr so billig produzieren kann wie früher. Denn auch hier sind die Lohnkosten gestiegen. Zum Problem mit den Investitionen sagt Starökonom Xie:

O-Ton: „Das ist zwar gut gemeint, aber realistisch gesehen muss man aufpassen. Wenn man in Gegenden investiert, die nicht wettbewerbsfähig sind – und das passiert hier seit zehn Jahren – bleibt man auf einem Schuldenberg sitzen."

Text: Die chinesische Regierung hat in den vergangenen Jahren massenhaft Hochgeschwindigkeits-Zugstrecken gebaut, außerdem Straßen, Flughäfen und vor allem eine Menge Häuser. Experten schätzen, dass all das für rund 50 Prozent des Wirtschaftswachstums gesorgt hat. Doch inzwischen ist die Grenze ganz offensichtlich erreicht. Es wird zwar kräftig weitergebaut in China, vor allem im unterentwickelten Westen des Landes. Doch massenhaft Häuser, Straßen und Schienen werden vielerorts ganz einfach nicht mehr gebraucht. Immer häufiger sieht man am Rande chinesischer Städte leerstehende Hochhäuser: Investitionsruinen. Die Regierung in Peking versucht zwar zunehmend, den inländischen Konsum zu beleben, doch so richtig gelingen mag ihr das nicht. Statt es auszugeben, sparen die meisten Chinesen das Geld lieber: für die Ausbildung der Kinder, für die Absicherung bei Krankheit und für die Altersvorsorge. Erst wenn die Regierung in diesen Bereichen für Entlastung der Bürger sorgt, dürfte sich der Binnenkonsum zu einer tragenden Säule der chinesischen Wirtschaft entwickeln. Von der Regierung in Peking fordert Ökonom Andy Xie weitere Reformen: weg von der Staats-, hin zur noch mehr Marktwirtschaft.

O-Ton: „Chinas Wirtschaftsleistung betrug im vergangenen Jahr 8 Billionen (Trillion) US-Dollar. Das ist absolut gesehen enorm. Pro Einwohner gesehen beträgt die Wirtschaftsleistung nur 6.000 US-Dollar. 20.000 wären möglich. Das Potenzial liegt also bei 250 Prozent Wachstum."

Vom Hören für das Schreiben lernen, bedeutet bei Radioberichten: kurze Sätze formulieren ohne in einen Staccatostil zu verfallen *„Das Geschäft brummt, zumindest sieht es so aus. Doch der Schein trügt"*, Schlüsselwörter am Anfang eines Satzes platzieren *„Viele Chinesen sagen: Wir sind ein Volk der Window-Shopper"* und zentrale Namen und Orte wiederholen: *„China, chinesisch"*. Der Autor Steffen

Wurzel hat vorschriftsmäßig vermieden, ständig wechselnde Synonyme zu verwenden, hier etwa „Land der Mitte". Wiederholungen holen die Aufmerksamkeit der HörerInnen zurück, ein Beitrag muss auch verständlich sein, wenn mittendrin eingeschaltet wird. Originaltöne sollten so ausgesucht werden, dass die Interviewpassagen den Text ergänzen. Persönliche Aussagen und Meinungen sind vorzuziehen „*Die Regierung muss das grundsätzliche Wachstumsmodell verändern. Sie sollte die Finger von der Wirtschaft lassen, statt ein Investitionsprogramm nach dem anderen aufzulegen*", allgemeine Informationen können auch im Text untergebracht werden.

In den inzwischen historischen Zeiten der Tonbandgeräte wurden die geschnittenen O-Töne tatsächlich während der Textaufnahme zugespielt. Das ermöglichte stimmlich auf die Interviewpartner einzugehen, die Tonhöhe zu simulieren und den Gesprächspartner akustisch abzuholen. Bei der digitalen Produktion wird meist separat aufgenommen, es empfiehlt sich aber, die Interviewpassagen zuerst zu schneiden und die Übergänge stimmlich anzupassen. Für das Einlesen der Texte eignet sich die Markierung der Satzintonation. Das ermöglicht eine sinnhafte Gliederung des Beitrages und verhindert monotones Sprechen.

BmE-Ausschnitt mit markierter Satzintonation:

Siebeneinhalb Prozent ⌈, dieser eher beiläufig erwähnte Wert ⌈

gilt seitdem als Regierungsvorgabe in Sachen Wachstum ⌡. Im Vergleich zu Europa und den USA ein enormer Wert ⌐, verglichen mit den Wachstumsraten Chinas in den vergangenen Jahren ⌐: ein eher bescheidenes Ziel ⌡.

Zusammenfassend lässt sich festhalten, dass für die Verständlichkeit von Texten konkrete Wortwahl, kurzer Satzbau und klar gegliederte Information sorgen. Das Pendant beim Sprechen sind die inhaltlichen Akzente und eine gute Gliederung durch (Atem-)Pausen.

Meinung

Auf die Stimme der AutorInnen kommt es im wahrsten Sinne des Wortes bei den meinungsäußernden Darstellungsformen an. Ihre Stellungnahme ist gefragt. Betont begründet und gut gesprochen sollten die Positionen beim Publikum punkten. Zur Textrezeptur von Kommentaren gehört Faktenwissen und Meinungsfreudigkeit.

Kommentar: Meinungsbeitrag mit einer kritischen Stellungnahme zu einem aktuellen Thema. Der Kommentar ordnet ein, wertet und bezieht Position. Die Meinung der AutorInnen steht im Vordergrund, nicht die sachliche Information.

Mit Kommentaren wollen JournalistInnen überzeugen, nicht informieren, deswegen kommt es in erster Linie darauf an, die Argumentation logisch und das heißt im Rundfunk chronologisch zu entwickeln. Nach dem Bausteinprinzip – am Ende muss das Meinungsgebäude stabil stehen. Auch wenn über das Thema des Kommentars zur Zeit der Ausstrahlung in den Nachrichtensendungen berichtet wird, empfiehlt es sich, die wichtigsten Fakten mit der Argumentation zu verknüpfen, so dass auch nicht informierte HörerInnen sich im Beitrag zurecht finden.

Westdeutscher Rundfunk – Kommentar
Was gesagt werden muss
Kommentar zu Günter Grass' Gedicht Von Bettina Marx

„Was gesagt werden muss" – überschreibt Günter Grass sein Gedicht gegen einen befürchteten israelischen Atomschlag gegen den Iran. Er begibt sich damit in die Pose des verfolgten Dichters, der gegen alle Widerstände und bedroht mit dem Vorwurf des Antisemitismus eine unbequeme Wahrheit ausspricht. In neun Prosastrophen warnt er vor einem israelischen Erstschlag, der „das von einem Maulhelden unterjochte Volk auslöschen könnte" – gemeint ist das iranische Volk.

Doch Israel droht keineswegs mit einem nuklearen Erstschlag gegen den Iran und es droht auch nicht damit, ein ganzes Volk auszulöschen. Wenn im Nahen Osten jemand Vernichtungsdrohungen ausstößt, dann ist es der iranische Präsident und Holocaust-Leugner Ahmadinejad, der den zionistischen Staat von der Landkarte radieren will. Israel plant stattdessen offenbar, das iranische Atomprogramm mit gezielten Angriffen auf die Nuklearanlagen zu stoppen oder doch wenigstens zu unterbrechen und um einige Jahre zurückzuwerfen.

Günter Grass hat denen, die einen solchen Angriff für unbeherrschbar und gefährlich halten, mit seinem Gedicht keinen Gefallen getan. Denn er hat ihre sachlichen Argumente mit seiner überzogenen Rhetorik konterkariert. Vielleicht ist eben ein Gedicht, und sei es auch lang und prosaisch, nicht die richtige Form der Auseinandersetzung mit einem so komplexen Thema. Ein Essay aus der Feder des Nobelpreisträgers wäre wahrscheinlich die angemessene und hilfreiche Form gewesen, um eine Debatte anzustoßen.

Eine solche Debatte ist durchaus notwendig und richtig. Ein israelischer Angriff auf die iranischen Nuklearanlagen ist gefährlich und wahrscheinlich sinnlos, da die Atomanlagen an verschiedenen Orten und tief unter der Erde verborgen sind. Die Folgen sind unabsehbar. Es könnte zu einer Eskalation im Nahen Osten kommen, von der auch Israel selbst nicht verschont bleiben würde. Und die mit Bezinpreiserhöhungen und wirtschaftlichen Auswirkungen bis nach Europa ausstrahlen würde.

Man darf Israel daher kritisieren ob dieser Planungen und man darf zur Besonnenheit mahnen und man kann dies tun, ohne sich dem Vorwurf des Antisemitismus auszusetzen, wie Grass behauptet. In Israel selbst warnen führende Geheimdienstexperten und Intellektuelle vor einem Angriff auf den Iran und die Bevölkerung des Landes lebt schon seit Monaten in Angst vor einem Krieg. Israelische Bürger haben sogar eine Internet-Kampagne gestartet, mit der sie sich von der Kriegstreiberei der eigenen Regierung distanzieren. In Deutschland darf und muss man auch fragen, warum die Bundesregierung ausgerechnet in dieser Zeit der Spannungen U-Boote nach Israel liefert und was die Bundeskanzlerin eigentlich meint, wenn sie die Sicherheit Israels zur deutschen Staatsraison erklärt.

Gerade wenn man sich der Sicherheit Israels und seiner Bevölkerung verpflichtet fühlt, muss man vor einem Angriff warnen, der auch Hunderte oder vielleicht sogar Tausende Israelis das Leben kosten könnte. Solidarität mit dem jüdischen Volk, die auch aus dem Bewusstsein der deutschen Verantwortung gespeist wird, bedeutet nicht, an der Seite Israels in den Kampf gegen den Iran zu ziehen, sondern auf eine Deeskalation und auf eine politische Lösung im Nahostkonflikt hinzuwirken. Günter Grass hat mit seinem misslungenen Gedicht dazu leider keinen Beitrag geleistet.

Der erste Satz des Kommentars gibt eine Information über die Sachlage, dann wird sogleich mit der Bewertung „Pose des verfolgten Dichters" der Grundstein für das Meinungsgebäude gelegt. Mit guten Argumenten als Zwischenbausteine kommt die Autorin Bettina Marx zu dem Schluss, dass Günter Grass nicht zur Deeskalation in der Israeldebatte beigetragen hat. Für das Sprechen von Meinungsbeiträgen ist es wichtig, neben dem Atemtraining, der Stimmbildung und dem Sprechrhythmus das Sprachwerkzeug „Betonung" anzuwenden. Unterschiedliche Stimmansätze sorgen für Abwechslung, verschiedene Tempi für eine klare Gliederung. Lautes Vorlesen hilft die Wirkung des Textes zu überprüfen.

Meinung

„Was gesagt werden muss" – überschreibt Günter Grass sein Gedicht gegen einen befürchteten israelischen Atomschlag gegen den Iran. Er begibt sich damit in die Pose des verfolgten Dichters, der gegen alle Widerstände und bedroht mit dem Vorwurf des Antisemitismus, eine unbequeme Wahrheit ausspricht. In neun Prosastrophen warnt er vor einem israelischen Erstschlag, der „das von einem Maulhelden unterjochte Volk auslöschen könnte" – gemeint ist das iranische Volk.

Stimmansatz „dramatisch" Tempo steigernd

Doch Israel droht keineswegs mit einem nuklearen Erstschlag gegen den Iran und es droht auch nicht damit, ein ganzes Volk auszulöschen. Wenn im Nahen Osten jemand Vernichtungsdrohungen ausstößt, dann ist es der iranische Präsident und Holocaust-Leugner Ahmadinejad, der den zionistischen Staat von der Landkarte radieren will. Israel plant stattdessen offenbar, das iranische Atomprogramm mit gezielten Angriffen auf die Nuklearanlagen zu stoppen oder doch wenigstens zu unterbrechen und um einige Jahre zurückzuwerfen.

Stimmansatz „dramatisch" Tempo verlangsamen

Günter Grass hat denen, die einen solchen Stimmansatz „episch"
Angriff für unbeherrschbar und gefährlich Tempo langsam
halten, mit seinem Gedicht keinen Gefallen
getan. Denn er hat ihre sachlichen Argumente mit seiner überzogenen Rhetorik konterkariert. Vielleicht ist eben ein Gedicht, und sei es auch lang und prosaisch, nicht die richtige Form der Auseinandersetzung mit einem so komplexen Thema. Ein Essay aus der Feder des Nobelpreisträgers wäre wahrscheinlich die angemessene und hilfreiche Form gewesen, um eine Debatte anzustoßen.

Um die richtige Betonung zu finden, ist es wichtig, die eigenen Gedankengänge auch im Manuskript herauszuarbeiten. Es empfehlen sich persönliche Regieanweisungen, um den HörerInnen die Argumentation zu vermitteln.

Kommentar (Ausschnitt) mit Regieanweisungen:

„Was gesagt werden muss" ⌈ – überschreibt   Stimmlich Zitat
                                              absetzen / G-
Günter Grass sein Gedicht gegen einen be-   Alliteration hervorheben / Bezug
fürchteten israelischen Atomschlag gegen den Grass-Gedicht

Iran. ⌈

Meinung

Er begibt sich damit in die Pose des verfolgten	Wertung „Pose" betonen
Dichters, der gegen alle Widerstände und be-	Nebensatz weniger betonen, damit Hauptsatzzusammenhang nicht verloren geht
droht mit dem Vorwurf des Antisemitismus,	
eine unbequeme Wahrheit ausspricht ⌈.	
In neun Prosastrophen warnt er vor einem	Sachinformation
israelischen Erstschlag, der ⌈ „das von einem	Stimmlich Zitat absetzen
Maulhelden unterjochte Volk auslöschen könn-	Nachdrücklich sprechen / Bedrohung herausarbeiten
te" ⌈ – gemeint ist das iranische Volk I⌐.	

Der individuelle Ton ist in Kommentaren wichtig, HörerInnen werden ausschließlich mit gesprochenem Text beliefert, weder Originaltöne, noch Musik oder Geräusche bieten eine akustische Abwechslung. Auf persönliche Sprache und Sprechhaltung kommt es auch bei der Glosse an: Meinung pur plus ironische Zuspitzung. Die Pointen müssen sitzen, um bei den ZuhörerInnen Amüsement auszulösen.

Glosse: Knappe Meinungsäußerung feuilletonistischer Art. Die ironische Abhandlung eines Themas entlarvt oder verspottet bestehende Zustände. Die Interpretation der Auto-

rInnen bietet eine subjektive Sicht, keine wertfreie Darstellung.

Gute Glossen bedienen sich literarischer Stilmittel. Am häufigsten eingesetzt wird die „Umkehrung", die Regeln der allgemein gültigen Definition der Dinge werden außer Kraft gesetzt, dadurch lassen sich „Mini-Geschichten" entwickeln, die eine neue und pointierte Sicht auf Ereignisse bieten. Spannungsmomente werden in Glossen durch „Überraschungseffekte" aufgebaut. Das können feine Formulierungen sein oder wunderbare Wendungen. Der Höhepunkt der Glosse bietet immer die „Schlusspointe". Hier wird die eingeschlagene Erzählstrategie aufgelöst, die ironische Argumentation am Ende dient der kritischen Unterhaltung.

Süddeutsche Zeitung – Glosse
Das Streiflicht

Bei Herrschern wie Ludwig XIV. hatte jede Geste ihren hierarchischen Sinn, waren protokollarische Schlampereien so gut wie ausgeschlossen. Das begann am frühen Morgen, wenn der König aufzustehen geruhte. Der Vorgang nannte sich *lever*, und wer daran teilnehmen durfte, war schon mal auf der sicheren Seite. Natürlich nahm man nicht regellos teil, sondern in feiner Abstufung. Für die *entrée familière* musste man vom König abstammen und zwar legitim, die *grande entrée* stand dem Adel zu, bei der *première entrée* gesellten sich die Vorleser und Vergnügungsintendanten dazu, und so ging das noch ein Weilchen weiter. Mit dem Hineinkommen war es freilich nicht getan. Man half Ludwig beim Anziehen, und dass auch das strengstens geregelt war, versteht sich. Der Sonnenkönig schlüpfte nicht irgendwie aus seinem Nachthemd, sondern ließ dabei den *maître de la garderobe* und den ersten Diener der Garderobe mitwirken. Der eine zog am rechten Ärmel, der andere am linken, und die Gunst des Königs war ihnen so sicher wie der Neid der übrigen Höflinge.

Angela Merkel ist zwar keine Sonnenkönigin und kommt, wie man hört, mit der Morgentoilette auch ganz gut allein zurecht. Dennoch waltet bei ihr ein Sinn für Feinheiten, wie sie im Protokoll des Bundestages nicht vorgesehen sind. Die *Frankfurter Allgemeine Sonntagszeitung* berichtet mit leicht bebendem Unterton, dass die Bundeskanzlerin der vom Plagiatssturm umtosten Ministerin Annette Schavan nicht nur das „vollste Vertrauen" ausgesprochen, sondern im Parlament auch „mehrfach" und „demonstrativ" deren Nähe gesucht habe. Merkel scheint geahnt zu haben, dass das „vollste Vertrauen" wegen seines prahlerisch auftrumpfenden Superlativs in der Hierarchie der Gunstbezeigungen von zweifelhaftem Wert ist, und darum entschied sie sich mit wahrhaft königlichem Gespür für die Geste der persönlichen Nähe. „Mehrere Minuten" setzte sie sich lauf FAS „zu einem vertrauten Plausch" neben Schavan, ein Zeichen, das in der Welt der nonverbalen Kommunikation fast so viel bedeutet, wie wenn Annette Schavan bei Angela Merkels *lever* zugegen sein und am rechten Ärmel von höchstdero Nachthemd ziehen dürfte.

Bei dem kirchlichen Hintergrund Merkels wie auch Schavans weist so eine Geste wohl übers Feudale weit hinaus, nämlich schnurgerade zum 110. Psalm, in dem es heißt: „Setze dich mir zur Rechten, und ich lege dir deine Feinde als Schemel unter die Füße." Im Bundestag ließ sich das nicht eins zu eins nachstellen, doch richtete Merkel es so ein, dass sie links von Schavan zu sitzen kam und sich jedenfalls in diesem Punkt die Schrift erfüllte. Wer aber ist der Schemel, den die Kanzlerin ihrer Freundin zu Füßen legen wird? Der Promotionsausschuss der Universität Düsseldorf? Angela Merkel trug ein senffarbenes Sakko, und man wird nicht fehlgehen, wenn man das als große gelbe Karte deutet.

Die Grundidee dieser Glosse ist die Übertragung einer historischen Situation auf die heutige politische Lage: Die feine hierarchische Bedeutung eines königlichen Protokolls wird in Zusammenhang gesetzt mit den gewählten Gesten der Bundeskanzlerin. Die Schlusspointe kommt unerwarteterweise aus der Welt des Sports, sinnvoll aber gleichzeitig überraschend vorbereitet durch ein Bibelzitat. Der Internetauftritt der Süddeutschen Zeitung bietet das Streiflicht täglich als von professionellen SprecherInnen eingesprochenes Audiofile, ein Indiz dafür, dass bei dieser meinungsäußernden Darstellungsform das Schreiben fürs Hören, also für ein Publikum, schon mitbedacht ist. Kein Wunder also, dass sich die Streiflichter der Süddeutschen Zeitung nicht nur gut lesen, sondern auch glänzend vorlesen lassen. Viele Glossenschreiber im Rundfunk sind auch Kabarettisten, die für die Präsentation auf der Bühne arbeiten.

Meinung 47

Streiflicht-Einstieg mit markierter Satzintonation und Regieanweisungen:

Bei Herrschern wie Ludwig XIV. hatte je-
de Geste ihren hierarchischen Sinn ⌈, wa-
ren protokollarische Schlampereien so gut
wie ausgeschlossen ⌈. Das begann am frü-
hen Morgen, wenn der König aufzustehen
geruhte ⌈. Der Vorgang nannte sich *lever*,
und wer daran teilnehmen durfte, war schon
mal auf der sicheren Seite ⌈. Natürlich nahm
man nicht regellos teil, sondern in feiner
Abstufung.

Stimmansatz „episch", Tempo langsam
Steigerung aufbauen: hierarchische Gesten – keine protokollarische Schlampereien

Geschichte erzählen: „Das begann am frühen Morgen...", ähnlich wie „Es war einmal..."

Jetzt das Protokoll der Glosse entwickeln, die feinen hierarchischen Abstufungen, die im zweiten Teil auf die politische Gegenwart übertragen werden

Die Zeichen für die Satzintonation im Text zu notieren, die Regieanweisungen am Rand des Manuskriptes anzuführen, ist die übersichtlichste Schreibweise für Radioauftritte. Geübte journalistische SprecherInnen kommen natürlich mit einer reduzierten Markierung zurecht. Dann reicht es, nur wichtige Akzente und Pausen einzutragen und sich mit ein paar Stichwörtern die Betonung zu notieren.

Streiflicht-Ausschnitt:

Angela Merkel ist zwar keine Sonnenkönigin und kommt, wie man hört, mit der Morgentoilette ganz gut allein zurecht ⌐. Dennoch waltet bei ihr ein Sinn für Feinheiten, wie sie im Protokoll des Bundestages nicht vorgesehen sind.

Analogie zum Szenario rund um Ludwig XIV. herstellen

Zusammenfassend lässt sich festhalten, dass sich bei den meinungsäußernden Darstellungsformen das Schreiben besonders gut nach Hörregeln entwickeln lässt. Glosse, Kommentar, aber auch Essay, Kolumne und Rezension tauchen medienübergreifend oft in reiner Textform auf und eigenen sich deswegen für die Live-Präsentation.

Geschichten

Gute Geschichten brauchen Zeit und die gibt es immer noch im Rundfunk – ab zehn Minuten bis zu einer Stunde. Für Reportagen müssen sich JournalistInnen ein wenig in Jäger (nach interessanten Themen) und Sammler (von guten Interviews und Tönen) verwandeln.

Reportage: Tatsachenbetonte, aber persönlich gefärbte Darstellung. Die Reportage berichtet nicht über ein Ereignis, sondern beschreibt den Ort des Geschehens. Subjektive Eindrücke der ReporterInnen wechseln sich mit sachlichen Informationen ab.

Die „Parallelgeschichte" – Beschreibung kombiniert mit Information – ist die klassische Methode, eine Reportage aufzubauen. Die Spannung wird kontinuierlich auf zwei Erzähllebenen gehalten. Mit Text, Originaltönen (O-Töne), Musik und Geräuschkulissen (Atmo).

Südwestrundfunk – Reportage (Ausschnitt)
Ein Vulkan wird geboren
Mit Forschern vor der Kanaren-Insel El Hierro
Von Christina Teuthorn

Atmo: Restaurant El Kiosko

Sprecherin: Genau ein Gast speist heute Mittag im Restaurant „El Kiosko", und er macht dazu selbst Musik. Ruperto Quintero, ein bekannter Volksmusiksänger der Kanaren-Insel El Hierro, vertreibt sich die Zeit, bis sein Zicklein gebraten ist. Die anderen Holztische sind leer. Dabei ist das kleine Bar-Restaurant in Las Puntas, im Norden der Insel, eines der wenigen, die überhaupt geöffnet haben.

Sprecherin: Die anderen Gäste sitzen am Tresen, trinken Bier und sehen fern: Der kanarische Regionalsender berichtet gerade über ihre Insel – wie so oft, seit im Oktober 2011 der Unterwasservulkan vor der Südspitze von El Hierro ausgebrochen ist. Heute ist ein Tag, an dem der Vulkan besonders große, mit Gas und Wasserdampf gefüllte Lavabrocken ausspuckt.

Atmo TV

Sprecherin: Die Fernseh-Kameras zeigen Großaufnahmen der schwarzen, dampfenden Lavablasen, die auf dem Atlantik treiben, etwa zwei Kilometer vor dem Fischerdorf La Restinga. Dann begeisterte Vulkanologen, die ein paar größere dieser Blasen aus dem Meer bergen. Für die spanischen Wissenschaftler ist die Unterwassereruption wie ein Sechser im Lotto – zum ersten Mal in der Geschichte des Landes konnten sie die Geburt eines Unterwasservulkans mit Messinstrumenten dokumentieren. Die Bewohner von El Hierro dagegen haben nicht das Gefühl, das große Los gezogen zu haben. Der Musiker Ruperto Quintero blickt nur kurz auf den Fernseh-Bildschirm, der zeigt, was sich etwa 40 Kilometer entfernt im Süden der Insel abspielt, dann schaut er wehmütig in die Ferne.

O-Ton: Ruperto Quintero

Übersetzer: Die Menschen sind traurig, weil es auf der Insel sehr wenig Arbeit gibt. Viele sind wegen des Problems mit dem Vulkan weggezogen. Die Firmen haben keine Aufträge. Die Touristen haben fast alle ihren Urlaub storniert. Wenn die Menschen kein Geld haben, feiern sie nicht und gehen auch nicht aus, um zu essen. Ich kenne alle Feste und die Menschen hier. Ich merke, dass sie sich anders verhalten als früher. Das Leben auf der Insel verändert sich – besonders in den letzten Monaten.

Atmo

Ansage: „Ein Vulkan wird geboren – mit Forschern vor der Kanareninsel El Hierro". Eine Sendung von Christina Teuthorn.

Sprecherin: Fünf Monate, bis März 2013 dauerte die Eruption, die nun langsam abklingt. Auch der Vulkanologe Professor Francisco Perez von der Universität Las Palmas war vom Blick in den Kreißsaal der Natur begeistert.

O-Ton: Dr. Francisco Pérez

Übersetzer: Wir haben die Schwangerschaft bemerkt, als unsere Messinstrumente Erdbeben auf der Insel aufzeichneten. Sichtbar wurde sie dann am 10. Oktober, als Material des Unterwasservulkans an die Wasseroberfläche gelangte. In diesem Moment wurde das Baby geboren. Dann wuchs es weiter und änderte permanent sein Aussehen. Das ist nicht nur ein Ereignis von herausragender Bedeutung für die Wissenschaft. Die Geburt eines Vulkans ist spektakulär. Als Mensch fühlt man sich angesichts dieser Naturgewalt absolut bedeutungslos.

Die Autorin Christina Teuthorn wählt für den Einstieg in ihre Reportage eine Szene im touristenleeren Restaurant, um die Folgen des Vulkanausbruchs zu beschreiben. Ihr Protagonist ist radiophon besetzt, ein bekannter Volksmusiksänger der Kanareninsel El Hierro gibt einen Eindruck von der Lage vor Ort. Die Sachinformationen liefern Experteninterviews. Für das Radio zu schreiben, bedeutet eine Geschichte akustisch zu erzählen. Geräusche und Klänge versetzen die HörerInnen an den Ort des Geschehens, Beschreibungen übermitteln die dazugehörigen Bilder und unterschiedliche Stimmen bieten Information und Erlebnisse. Dann kommt es auf die Montage an. Der Spannungsbogen kann chronologisch entwickelt werden wie beim Märchen oder als „Rahmengeschichte", am Ende kehrt der Bericht wieder zum Ausgangspunkt zurück. Mit „Rückblenden" zu arbeiten, bietet sich bei historischen Themen an. Per „Episodenerzählung" lassen sich die Erlebnisse verschiedener Menschen zu einer Geschichte verknüpfen. Steht eine Person im Mittelpunkt kann eine „Entwicklungsgeschichte" erzählt werden. Das Prinzip der „Schlüsselsituationen" nutzt die teilnehmende Reportage. Ein Journalist begibt sich beispielsweise in die Rolle eines Obdachlosen und beschreibt die aufschlussreichsten Begegnungen. Verschiedene „Höhepunkte" zu setzen, um zum Weiterhören zu animieren, gehört zum Grundprinzip jeder Montageform.

Bei den Textpassagen ist es vor allem wichtig, die richtige Sprache für die Beschreibung der Vor-Ort-Situation zu finden. Radio ist Kino im Kopf. Lautes Lesen hilft, zu überprüfen, ob die richtigen Bilder entstehen. Für die Zwischentexte, die Sachinformationen vermitteln, gelten die Verständlichkeitsregeln aus dem Kapitel „Information".

Reportageausschnitt mit markierter Satzintonation und Regieanweisungen:

Genau ein Gast speist heute Mittag im Restaurant „El Kiosko", und er macht dazu selbst Musik ⌐. Ruperto Quintero, ein bekannter Volksmusiksänger der Kanaren-Insel El Hierro, vertreibt sich die Zeit, bis sein Zicklein gebraten ist ⌐. Die anderen Holztische sind leer ⌐. Dabei ist das kleine Bar-Restaurant in Las Puntas, im Norden der Insel, eines der wenigen, die überhaupt geöffnet haben.	Impressionen des leeren Lokals / G-Alliteration Genau-Gast Protagonist akustisch ausgesucht, liefert einheimische Musik zur Reportage Impressionen des leeren Lokals / Z-Alliteration Zeit - Zicklein Gegensatz Leere – Öffnung bereitet Sachinformation über Situation vor Ort vor

Gute Geschichten vermitteln Botschaften auch emotional. Deswegen arbeiten Reportagen und Features mit subjektiven Eindrücken und persönlichen Erlebnissen der Protagonisten. Während Reportagen die HörerInnen mitnehmen an verschiedene Orte oder in unterschiedliche Lebenswelten, steht beim Feature mehr die Aufbereitung eines Themas im Vordergrund.

Feature: Ausführlicher Bericht, der an konkreten Beispielen einen komplexen Sachverhalt veranschaulicht. Hintergrundinformationen, Statistiken und Interviews werden im Feature ausgewertet.

Analog dazu, dass Sprechen für das Radio geübt werden kann wie Klavierspielen, funktionieren Features als musikalische Kompositionen. Beim rhythmischen Wechsel zwischen Originaltönen, Geräuschen oder Musik und Text sollte man sich für einen Takt entscheiden. Das inhaltliche Thema ist dabei so etwas wie die Melodieführung. Die Festlegung einer Dramaturgie bzw. eine Erzählmethode kann man mit der Instrumentierung eines Stückes vergleichen. Mit dem Dreier-Rhythmus Musik oder Hintergrundgeräusche (Atmo), Text und Originalton (O-Ton) ist man immer auf der sicheren Seite. Auch der dreiviertel Takt eines Walzers wird als rund und komplett empfunden. Aber: Variationen des Themas sorgen für Aufmerksamkeit, auch bewusst gesetzte Dissonanzen können bei bestimmten Themen interessant sein.

Westdeutscher Rundfunk – Radio Bremen – Deutschlandfunk
Feature (Ausschnitt)
„Da steh' ich nun ich armer Tooor"
Ein sportliches Radioschauspiel
Von Petra Weber

O-Ton *(Sieben Sekunden freistehen lassen, dann bitte ausblenden)*
Schauspielhaus Bochum: Tröte. Jetzt-geht's-los-Gesang.

Blende (darüber) O-Ton / Fußballkommentare: Thomas Doll, sein erster Auftritt nach fünf Minuten / Beim Rekordmeister neu, dass Sforza seine Rolle offensiver interpretierte, alles etwas flexibler / Franz Beckenbauer hat's ja gesagt, je mehr Theater, desto besser / Doll soll übrigens auch Fußballspieler sein und nicht nur Schauspieler.

Blende O-Ton *(Zehn Sekunden freistehen lassen, dann bitte ausblenden)* Deutsche Theaterfußballmeisterschaften: Jetzt-geht's los-Gesang.

Blende (darüber) O-Ton / Ansage bei den Deutschen Theaterfußballmeisterschaften: So, qualifiziert für das Viertelfinale haben sich die Bühnen der Stadt Köln. Als Erster. Zweiter wird Theater der Philharmonie Essen. Titelverteidiger Düsseldorf spielt leider um Platz neun bis zwölf.

Atmo: Anpfiff.

O-Ton Werbespot Schauspielhaus Bochum / Tana Schanzara: Da steh' ich nun ich armer... VFL-Fans: Tooor!

Über Kreuzblende Werbespot – Sprechvariationen
Theaterstimme (Schauspielerin Marlene Riphahn): Fußballtheater und Theaterfußball.

O-Ton / Improvisationstheater Krefeld: Sprechvariationen des Goethe-Satzes „Das steh' ich nun ich armer Tor"

(Über Kreuzblende) Theaterstimme: Ein sportliches Radioschauspiel. Von Petra Weber.

Kreuzblende O-Ton Sprechvariationen – Musik
Musik: Mix aus Faust-Ouvertüre und Werder-Bremen-Fangesang.

O-Ton / Fußballmoderation: War's denn jetzt eigentlich eine Komödie oder eine Tragödie, die wir auf der großen Fußballbühne miterlebt haben? Oder doch eher eine Tragikkomödie? Es begann damit...

O-Ton bitte langsam ausblenden
Fußballstimme (Moderatorin Sabine Hartelt): Es begann mit einer Photographie.

Theaterstimme: Es begann mit einer Photographie.

Fußballstimme: Auf dem Bild ist Fußballtrainer Otto Rehhagel abgelichtet. Er trägt Frack, Fliege und einen Zylinder.

Theaterstimme: Theaterintendant Klaus Pierwoß lächelt in die Kamera. Er hat sich mutig in eine Fußballkluft gewagt, samt Stollenschuhen und kurzer Hose.

Fußballstimme: Der Phototermin war im Januar 1995, von da an spielten sich in Bremen Sportler und Schauspieler die Bälle zu.

Theaterstimme: Der Kostümtausch zwischen Fußballtrainer und Theaterintendant war die erste Szene in dem Stück „Fußballtheater und Theaterfußball"

Zusammenfassend lässt sich sagen, dass es sowohl bei kurzen als auch langen Reportagen oder Featureformaten zusätzlich zum Informationsgehalt und der subjektiven Erzählweise auf Dramaturgie und Montage ankommt. Für die Umsetzung sind eine vielseitige Sprache und kompetente Aussprache wichtig, aber auch kreative Ideen und gute Töne.

4. Kreativitätskunde

Rotlicht. Jetzt muss der erste Satz gesagt oder gelesen werden. Welche Worte wähle ich? Der Journalismus lässt sich nur zum Teil über Regeln und Vorbilder erlernen, ohne Kreativität gibt es keine originellen Themenideen oder innovative Beiträge. Auch ohne den Hörfunk jeden Tag neu erfinden zu wollen, für den persönlichen journalistischen Stil ist es wichtig, die eigene Ideenkompetenz zu erkunden. Andreas Reckwitz hat in seinem Buch „Die Erfindung der Kreativität" festgestellt, dass das romantische Ideal vom schöpferischen Menschen inzwischen gesellschaftsfähig geworden ist. Dieser Trend wurde ausgelöst durch den wirtschaftlichen Druck, nicht nur mit technischer, sondern auch mit ästhetischer Weiterentwicklung zu punkten Das bedeutet, dass die Gesellschaft dem demokratischen Satz von Joseph Beuys „Jeder ist ein Künstler" näher gekommen ist, aber leider auch, dass der Begriff inflationär verwendet wird. Von der Bastelanleitung bis zum Gebrauchtwagenverkauf ist Kreativität angesagt. Immer noch gut orientieren kann man sich an der Brockhaus-Definition:

Kreativität, schöpferisches Vermögen, das sich im menschlichen Handeln oder Denken realisiert und einerseits durch

Neuartigkeit oder Originalität gekennzeichnet ist, andererseits aber auch einen sinnvollen und erkennbaren Bezug zur Lösung technischer, menschlicher oder sozialpolitischer Probleme aufweist. Der Begriff Kreativität wird angewendet auf wissenschaftliche Entdeckungen, technische Erfindungen, künstlerische Produktionen, unter der Bezeichnung „soziale Kreativität" auch auf Problemlösungsansätze im zwischenmenschlichen und gesellschaftlichen Bereich.

Übertragen auf den Journalismus bedeutet dies, mit den Chancen und Risiken der Vernetzung verantwortungsvoll umzugehen. Für eine Weiterentwicklung des Berufes bedarf es einer stabilen Ausstattung mit handwerklichen Grundbegriffen, die Aneignung neuer technischer Kenntnisse und einen kreativen Umgang mit Texten, Tönen und Themen. Oder um es noch einmal mit dem Künstler Joseph Beuys zu sagen: „Kreativität ist das Gegenteil von Imitation."

Ideenmanufaktur

Ideen sind in jeder alltäglichen Redaktionskonferenz gefragt: ob es nun um den neuen Zugang zu einem immer wiederkehrenden Pflichtthema geht, eine interessante Serie entwickelt oder ein eigener Schwerpunkt gesetzt werden soll. In den Vereinigten Staaten, in denen die Kreativitätsforschung schon in den 1940er / 50er Jahren einsetzte, sind eine Reihe von Denkstrategien entwickelt worden. Die bekannteste ist sicherlich das Brainstorming. Ohne Bewertung werden Ideen zunächst gesammelt, unterschiedliche Gedanken und Problemlösungsansätze sind gewünscht. Erst im Anschluss wird gewichtet, aussortiert und eine Entscheidung getroffen.

Assoziationstechnik: Begriffe sammeln, Gedanken freien Lauf lassen, in alle Richtungen denken. Durch die Verknüpfung einzelner Ideen können Lösungsmöglichkeiten ausgearbeitet werden:
Brainstorming = Ideensammlung in einer Gruppe
Brainwriting = Ideenfortschreibung in einer Gruppe
Mindmapping, Clustering = Gedankenkarte, Begriffssammlung

Konvergentes Denken ist bei Termindruck zu empfehlen, also ein Thema mit dem Ansatz „so haben wir das immer gemacht" in den Griff zu bekommen. Kreativität allerdings setzt divergentes Denken voraus: verschiedene Lösungsansätze suchen, ungewöhnliche Perspektiven verknüpfen und andere Denkrichtungen einschlagen.

Kombinationstechnik: Zu einer gezielten Problemstellung werden systematisch Ideen entwickelt. Anhand von Checklisten wird das Thema aus verschiedenen Perspektiven beleuchtet:
Morphologische Matrix = Problem in Teillösungen zerlegen
Umkehrmethode = Thema ins Gegenteil verkehren

Sowohl die Assoziations- als auch die Kombinationstechnik wird sicherlich schon in vielen journalistischen Sitzungen angewandt, ohne als Kreativitätstechnik wahrgenommen zu werden. Es gibt aber auch spielerischere Methoden, die in künstlerische Bereiche führen. Filmproduzent Walt Disney hat Aufgaben und Herausforderungen immer in drei Sichtweisen zerlegt. Er benutzte dazu verschiedene Stühle für die Perspektiven „Vision", „Kritik" und „Realisation". Der amerikanische Kreativitätsexperte Eduard de Bono erhöhte die Anzahl der Denkrollen. Seine Sechs-Hüte-Methode sieht „Moderation", „Information", „Intuition", „Kreativität", „Kritik" und „Kooperation" vor. Hier dienen äußere Anreize dazu, eindimensionale Rituale und Denkmodelle zu umgehen und den Weg für neue Ideen frei zu machen.

Konfrontationstechnik: Künstlerische Motive oder Gegenstände, die im ersten Moment nicht zum Thema passen, können Ideen anregen
Bisoziation = Verbinden von willkürlich ausgesuchten Bildern bei einer Fragestellung
Reizwortmethode = Zufällig ausgesuchtes Wort auf Problemlösung übertragen

Für den Journalismus immer wieder empfohlen wird die Osborn-Checkliste, obwohl diese auf die Erfordernisse der Werbebranche abgestimmt und recht kompliziert zu handhaben ist. Alex F. Osborn ist auch der Erfinder des Brainstormings, daher erklärt sich die Popularität dieser Technik. Geübte GlossenschreiberInnen können allerdings den Fragenkatalog nutzen, um mit der „Umkehrung", „Vergrößerung" und „Kombination" Ideen, Pointen und Minigeschichten zu erarbeiten.

Osborn-Checkliste

Vergleichen	Welche Parallelen lassen sich ziehen?
Anpassen	Was kann aus der Lösung eines ähnlichen Problems übernommen werden?
Verändern	Welche einzelnen Eigenschaften können verändert werden?
Vergrößern	Was kann vergrößert, verstärkt, hinzufügt, vervielfältigt werden?
Verkleinern	Was kann verkleinert, reduziert, weggenommen werden?
Ersetzen	Was kann ausgetauscht werden?
Umformen	Wie lassen sich Bestandteile neu gruppieren?
Ins Gegenteil verkehren	Wie sieht der Umkehrschluss aus?
Kombinieren	Können Ideen miteinander neu kombiniert werden?

Speziell für den Hörfunk hat die Journalistin Carmen Thomas die MOSE-Methode entwickelt. M steht für Mensch, O für Ort, S für Sache und E für Ereignis. Für das von ihr erfundene Sendeformat, die Live-Übertragung „Hallo Ü-Wagen", bei der BürgerInnen und ExpertInnen gemeinsam über ein Thema diskutierten, hat die Redaktion Woche für Woche eine Kreativkonferenz einberufen. Dann wurden anhand der vier MOSE-Fragen Vorschläge gesammelt, sortiert und ausgesucht: welche InterviewpartnerInnen werden eingeladen, welcher Standort passt zu dem ausgesuchten Thema, aus welchen Perspektiven muss das Gespräch geführt werden und welche Ereignisse machen das Thema aktuell und interessant. Das erinnert an die sieben W-Fragen für die informierenden Darstellungsformen. Und in der Tat kann die Vier-Fragen-Technik von Carmen Thomas auch für informierende, meinungsbildende und künstlerische Darstellungsformen angewandt werden. Die MOSE-Methode eignet sich für Berichte, Kommentare, Reportagen und Features.

MOSE-Methode

M	Welche Experten können Auskunft geben? Welche Besetzung gehört zum Thema? Welche Personen eignen sich als Protagonisten? Welche InterviewpartnerInnen erzählen gute Geschichten?
O	Welche Information vermittelt der Ort des Geschehens? Welche Rolle spielt der Handlungsraum? In welcher Umgebung agieren die Protagonisten? Wo spielt die Geschichte?
S	Welche Informationen sind wichtig? Welche Schlussfolgerungen können gezogen werden? Hat das Thema akustische und optische Qualitäten? Welche Botschaft soll vermittelt werden?
E	Was ist der aktuelle Anlass für den Bericht, den Kommentar, die Reportage oder das Feature? Welches Publikum soll angesprochen werden?

Journalistische Kreativität bedeutet, interessierte und phantasievolle Fragen zu stellen, sowohl bei der Ideenfindung als auch bei der Recherche.

Kreative Recherche

Die meisten Themen liegen nicht auf der sprichwörtlichen „Straße", sondern entwickeln sich aus der täglichen Arbeit. Pressekonferenzen können zu Glossen oder Kommentaren anregen, Interviews zu weiteren Reportagen führen, Hintergrundgespräche sich in interessante Berichte verwandeln. Der guten Interview- und Gesprächsführung kommt eine besondere Bedeutung im Hörfunk zu. Die Originaltöne, die in Berichten, Reportagen und Features zu hören sind, sollen im besten Falle Information und Emotion vermitteln.

Interview-Dramaturgie

I	Information: Es empfiehlt sich ein Interview mit Sachfragen zu beginnen. Das schafft eine interessierte und aufgeschlossene Atmosphäre. Der Interviewpartner / die Interviewpartnerin fühlt sich sicher und gibt gerne Auskunft.
D	Darstellung: Offene Fragen führen dann das Gespräch weiter in eine persönliche Richtung. Die Bewertung des Themas steht jetzt im Mittelpunkt. Aktives Zuhören („Habe ich Sie richtig verstanden...") unterstützt den Interviewpartner / die Interviewpartnerin bei der Entwicklung der eigenen Thesen.
E	Emotion: Geschlossene Fragen, sensible wie kritische, erzeugen Emotionen, die aus dem Interview ein individuelles Gespräch machen. Der Interviewpartner / die Interviewpartnerin wird zum Kommentieren angeregt und gibt persönliche Sichtweisen bekannt.

E	Ergebnis: Am Ende des Gespräches lohnt es sich, den Interviewpartner / die Interviewpartnerin das Ergebnis des Interviews noch einmal zusammenfassen zu lassen. Dieses Resümee der wichtigsten Informationen und Gedanken liefert im besten Fall sendefähige Sätze, dient aber vor allem als runder Abschluss für die Kommunikationssituation.

Vor dem Interview ist eine gründliche Ausgangsrecherche im Archiv wichtig. Kompetente Fragen lassen sich nur aus der Kenntnis der Sachlage entwickeln, eine gute Gesprächsatmosphäre können JournalistInnen erst herstellen, wenn sie inhaltlich vorbereitet sind. Kein Schriftsteller wird einem Fragesteller wirklich Auskunft geben, der offensichtlich das Buch des Gesprächspartners nicht gelesen hat. Niemand wird die Geschichte einer Politikerin erzählen können, der sich nicht mit ihren Sachthemen beschäftigt.

Offene Fragen: Die Pronomen Wie? Weshalb? Warum? Wozu? leiten offene Fragen ein. Diese Frageform verhindert, dass die Befragten lediglich mit Ja oder Nein antworten. Sie werden aufgefordert, ihre Meinung zu sagen oder ihre Geschichte zu erzählen.

Geschlossene Fragen: Der Befragte bekommt ein klares Antwortziel vorgegeben. Entweder wird genau umrissen, welcher Sachverhalt geschildert werden soll, oder eine direkte Frage gestellt, die mit einer Kommentierung zu beantworten ist.

Ob sich ein Interview akustisch verwenden lässt oder als reines Hintergrundgespräch geführt wird, sollten Rundfunkleute vorab entscheiden. Jede konkrete Interviewverabredung erzeugt eine Veröffentlichungserwartung. Der Zeitaufwand für das Gespräch muss mit dem Umfang der verwendeten Originaltöne korrespondieren. Für eine Reportage oder ein Feature räumen Experten gerne mehrere Stunden ein, ein Nachrichten-O-Ton sollte den Befragten nur wenige Minuten in Anspruch nehmen. So lässt sich ein gutes und ergiebiges Informationsnetzwerk aufbauen.

Die eigene Handschrift

Hanns-Josef Ortheil, Professor für „Kreatives Schreiben" an der Universität Hildesheim empfiehlt das Führen eines (elektronischen) Notizbuches zum Sammeln von Ideen und Informationen, aber auch um seinen Schreibstil zu entwickeln. Eine vergleichbare Methode wie das Zeichnen und Notieren bildender Künstlerinnen in Skizzenbüchern. Ob ein Zettelkasten Hort von Ideen ist oder Tonschnipsel gesammelt werden oder Videoaufnahmen, ist jedem persönlich überlassen. Die eigene Handschrift formiert sich aus dem persönlichen Reservoir an Erfahrungen, entsteht also beim Machen.

„Ich recherchiere, überbürokatisch genau, 250 Prozent dessen, was ich später brauche. Mit Hilfe des Computers lassen sich diese Versatzstücke gut zusammenbauen und gruppieren. Dann suche ich abends im Bett im Halbschlaf nach

einem Einstiegsbild und lasse mein Unterbewusstsein arbeiten. Am nächsten Tag ist die Geschichte im Kopf fertig, auch wenn ich sie selbst noch nicht kenne. Dann ist das Schreiben meist kein Problem mehr."
Petra Thorbrietz, Wissenschaftsjournalistin und Autorin

Für eine Sage & Schreibe-Serie über Kreativität gaben Journalistinnen der Zeitschrift Auskunft zu ihrer Schreibmethode. Die Antworten fielen kreativ und unterschiedlich aus.

„Ich plane nicht viel, mache keine Gliederungen, denke nicht tagelang über einen Einstieg für eine Reportage, einen Anfang für eine Kolumne nach. Ich setze mich unter Zeitdruck, fange morgens um sechs an, schreibe nie länger als zwei Tage an einer Seite-Drei-Geschichte, selten mehr als fünf Stunden an einer Magazin-Kolumne. Der Zeitdruck reinigt das Gehirn vor Ablenkung, putzt Schreibangst weg, ersetzt sie durch Konzentration. Und auf die kommt es an."
Axel Hacke, Kolumnist und Autor

Das Literaturarchiv in Marbach hat eine Reihe „Vom Schreiben" konzipiert und Schreibstimulanzien quer durch die Jahrhunderte zusammengestellt: den Geruch faulender Äpfeln aus der Schreibtischschublade von Friedrich Schiller, die Madeleines von Marcel Proust und die Teerituale zeitgenössischer Dichter. Das soll keine Aufforderung zum Konsum sein, sondern nur eine Anregung zur Entdeckung der eigenen Schreibrituale und journalistischen Stärken.

Die eigene Handschrift

"Ich warte. Ich stehe auf, setze mich wieder. Ich lese, was schon geschrieben ist. Ich gehe durch meine Notizen. Ich plaudere mit Kollegen. Ich telefoniere. Ich lasse mich liebend gerne stören. Ich gönne mir eine Cola oder sonst etwas Süßes. Ich räume meinen Schreibtisch auf, vielleicht sogar mein Büro. Ich rauche eine Zigarette, oder auch mal zwei (wenn ich wieder einmal rauche). Der Gedanke oder die Formulierung, um die ich ringe, gedeihen allmählich, ob nun gut oder schlecht."
Roger de Weck, Publizist und Manager

5. Tonetikette

Im Radio verwandeln sich alle Texte in Töne, so dass beim Schreiben und Sprechen schon das Hören wichtig ist. Aber auch beim Aufnehmen von Interviews und Geräuschen geht es immer um eine ansprechende Akustik. Zum guten Ton gehört die passende technische Ausrüstung. Wer mit einem ungeeigneten Mikrophon ein Interview führt, wird sich beim Abhören wundern, dass Nebengeräusche die Stimme übertönen. Das Surren von Kühlschränken und Neonröhren, lärmende Straßenkulissen und laute Computer blendet die normale Wahrnehmung aus, empfindliche Mikrophone sind da nicht so nachgiebig. Wenn Geräusche ohne Kopfhörer aufgenommen werden, kann harmloses Blätterrascheln wie ein wütender Orkan klingen oder Windgeräusche verderben die Aufnahme. Überraschende Ergebnisse erzielen JournalistInnen auch, wenn sie ohne Stativ in Theaterzuschauerräumen oder auf Fußballtribünen aufzeichnen. Das Klatschen, Hüsteln und Rascheln der Nachbarn werden das eigentliche Spielgeschehen übertönen.

Den warmen, fülligen Klang, dessen Verlust beim Übergang vom analogen zum digitalen Produzieren noch zu hören war, hat die Technik inzwischen reproduziert und hörbare Schnitte gibt es so gut wie nicht mehr. Auch ein paar praktische Probleme beim Aufnehmen sind behoben: Niemand muss mehr kiloschwere Aufnahmegeräte mit sich herumschleppen und die knisternden Störgeräusche, die entstanden, wenn das Mikrophon zwischen Fragesteller und Interviewpartner hin und herbewegt wurde, entfallen. Bei den neuen transportablen digitalen Mikrophonen steckt der Aufnahmechip im Griff, alles funktioniert kabellos, deswegen sind diese Geräte für die O-Ton-To-Go-Aufnahmen im aktuellen journalistischen Geschäft eine ausgezeichnete Wahl. Bei längeren Interviews und für aufwändige Klang-Collagen empfiehlt es sich die Mikrophone zu variieren.

Der gute Ton

Für den journalistischen Einsatz ist es zunächst wichtig, zwischen den verschiedenen Aufnahmerichtungen, genannt Richtcharakteristiken zu unterscheiden. Mikrophone mit Kugelcharakteristik eignen sich gut für die Aufzeichnung von Geräuschen und Raumklängen. Der Druckempfänger nimmt den Schall nur von einer Seite der Membran auf, hohe und tiefe Töne gleich laut, alle Akustikquellen rundum. Da die Kugel nicht empfindlich auf Windgeräusche reagiert, kommt sie bei vielen Außenaufnahmen zum Einsatz.
Für Interviews und entfernte Schallquellen sind Mikrophone mit Nierencharakteristik besser geeignet. Bei diesen Druckgradienten-Empfängern trifft der Schall mit unterschiedlicher Laufzeit von vorne und von hinten auf die

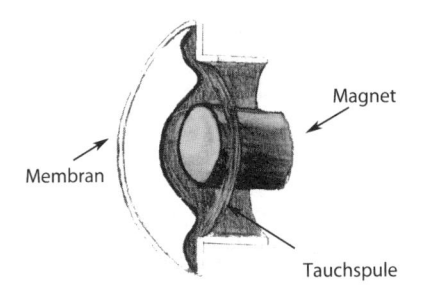

Die Membran eines Mikrophons funktioniert wie das Trommelfell im Ohr

Membran. Die Phasenverschiebung hat einen Druckunterschied zur Folge. Die Mikrophone mit Nierencharakteristik nutzen diesen Effekt, um die Aufnahme auf einen bestimmten Punkt zu zentrieren. Dadurch wird die Stimme des Gesprächspartners ohne störende Nebengeräusche aufgezeichnet oder es kann auch eine einige Meter entfernte Bühnenpräsentation sendefähig mitgeschnitten werden.
Während die Kugel einen Aufnahmewinkel von 360 Grad hat, beschränkt sich die Niere auf 130 Grad, die Superniere auf 115 Grad und die Hyperniere auf 100 Grad. Dann gibt es noch die Achtercharakteristik, das ist ein Mikrophon, dessen Membran vorne und hinten gleich empfindlich ist, mit starker Richtwirkung. Zum Einsatz kommt die „Acht" bei Interviews mit zwei sich gegenübersitzenden Personen

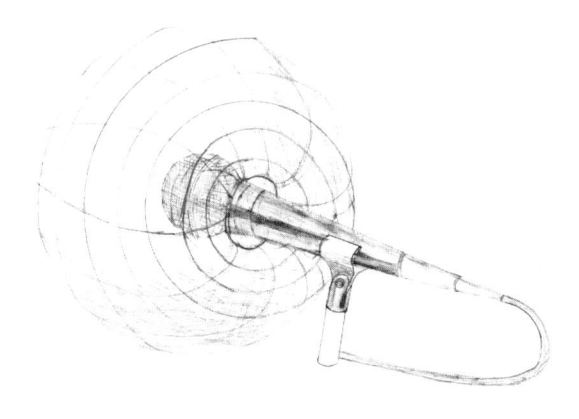

Mikrophon mit Nierencharakteristik

oder wenn die Fragen und Antworten eines Gesprächs mitgeschnitten werden sollen.
Nach Auswahl der passenden Richtcharakteristik ist zu entscheiden, ob dynamische Mikrophone oder Kondensatormikrophone in die ReporterInnenausrüstung gepackt werden. Die dynamischen Mikrophone zeichnen sich durch eine große Robustheit aus, die empfindlicheren Kondensatormikrophone profilieren sich mit einer klaren und präsenten Tonwiedergabe. Beim Klangvergleich zeigt sich, dass die mit Phantomspannung versorgten Kondensatormikrophone schneller auf den Tonimpuls reagieren können. Akustische Energie wird direkt in elektrische umgewandelt, während bei einem dynamischen Mikrophon der elektrische Leiter

Charakteristik	Kugel	Niere	Super-niere	Hyperniere	Acht
Richt-diagramm					
Aufnahme-winkel	360°	130°	115°	100°	90° L+R
Winkel bei maximaler Sensibilität	–	180°	125°	110°	90°
Empfindlich-keit für Umgebung	100%	32%	28%	25%	33%

Richtcharakteristiken

zur Spule aufgewickelt ist. Die Länge des Spulendrahtes, der mehrere Meter betragen kann, erzeugt eine größere Trägheit. Fällt die Entscheidung für die Kondensatormikrophone, muss das dazugehörige Aufnahmegerät über Phantomspannung verfügen.

Bei den Kondensatormikrophonen ist zwischen Klein- und Großmembranern zu unterscheiden. Einzollige Membranflächen können impulsgetreu dem Schallfeld folgen. Bei größeren Flächen erzeugt die Eigenbewegung der Membran harmonische Oberschwingungen, die vor allem Stimmen fülliger und kraftvoller klingen lässt. Großmembranige Mikrophone werden deswegen im Studio zu Sprach- und Gesangsaufnahmen eingesetzt.

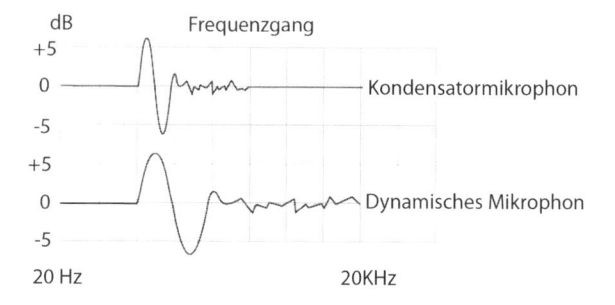

Klangvergleich

Jeder Mensch hört stereophon: Bei einer direkten Beschallung von vorne trifft der Ton gleichzeitig beim linken und rechten Ohr ein. Eine Geräuschquelle von rechts wird mit 0.8 Millisekunden Verspätung vom linken Ohr wahrgenommen, eine Geräuschquelle von links mit 0,8 Millisekunden Verspätung vom rechten Ohr. Neben dem Laufzeitunterschied gibt es auch einen Intensitätsunterschied. Nur Schall von vorne wird von beiden Ohren als gleich laut empfunden. Seitlicher Schall ist stark frequenzabhängig. Die Ohrmuscheln reflektieren eintreffende Töne verschieden und unser Gehirn berechnet, ob der Klang von oben, unten oder hinten kommt.

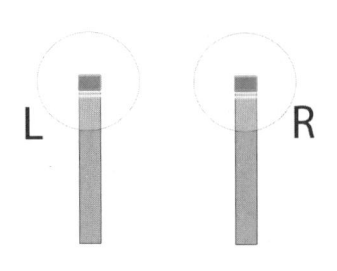

Stereoaufnahmen für das Radio orientieren sich an der menschlichen Wahrnehmung. Bei der AB-Stereophonie werden zwei Mikrophone im Abstand von 20 bis 30 Zentimetern aufgestellt. Vor allem Kugelcharakteristiken wirken mit einem natürlichen Raumklang, der durch den Laufzeitunterschied des Schalls erzeugt wird. Bei der XY-Stereophonie werden zwei Mikrophone mit Nierencharakteristik übereinandergelegt. Dadurch tritt kein Laufzeitunterschied auf, der räumliche Eindruck wird durch den Intensitätsunterschied erzeugt. Für Feature- und Reportageaufnahmen eignet sich am besten die XY-Stereophonie, da AB-Aufnahmen nicht uneingeschränkt monokompatibel sind. Bei Rundfunkbeiträgen wird darauf geachtet, dass die Töne auch auf Monogeräten empfangen werden können.

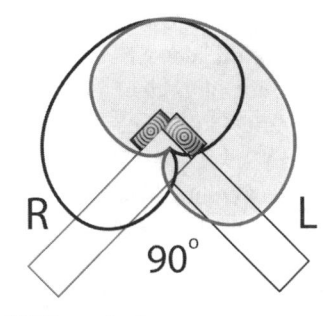

AB-Stereophonie

XY-Stereophonie

Die MS- und die ORTF-Stereophonie kommen bei Filmproduktionen, Bühnen- und Musikaufnahmen zum Einsatz. Für die Mitte-Seite-Methode wird ein Mikrophon mit der Achtercharakteristik zusammen mit einer Niere aufgebaut. Die ORTF-Stereophonie kombiniert die Vorteile der AB- und XY-Technik in dem zwei Nieren-Mikrophone in einem Winkel von 110 Grad und mit einem Abstand von siebzehn Zentimetern platziert werden. ORTF steht für „Office de Radiodiffusion Télévision Française", da diese Technik von Toningenieuren des französischen Rundfunks entwickelt wurde.

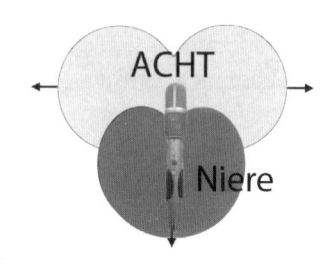

MS-Stereophonie

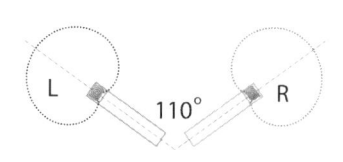

ORTF-Stereophonie

An einem praktischen Beispiel aus dem Radioalltag lässt sich der Einsatz von verschiedenen Mikrophonen am besten verdeutlichen. Bei einem Porträt des Photographen Bernd Becher ging es darum, eine akustische Umsetzung für das optische Arbeiten zu finden.

Westdeutscher Rundfunk (Ausschnitt)
Zeitzeichen / 80. Geburtstag des Photographen Bernd Becher
Von Petra Weber

Atmo / Atelier + Kamerabedienung: Das ist ne' Linhof-Technika. *Kondensatormikrophone, Niere, Kleinmembran, XY-Stereophonie*

Text: Thomas Ruff, Photo-Künstler, Becher-Schüler...

Atmo / Atelier + Kamerabedienung: Mit der kann man in 500 Jahren noch photographieren.

Text: ... demonstriert die analoge Plattenkamera aus seinen Studenten-Zeiten.

O-Ton / Ruff: Der Bernd hat immer Blau getragen, blaues Hemd, blaue Hose, blauer Arbeitskittel. Eventuell war das eine Verneigung vor dem Blaumann, der Photograph als Handwerker, der die schweren Stative und Kameras auf die Hochöfen und durch das Gestrüpp schleppen muss. *Dynamisches Mikrophon, Niere*

Hier wurde der individuelle Ton der Kamera gleichberechtigt gesetzt zum Interview mit den Photographen. Durch die stereophone Aufnahme wirkt der Kameraklang räumlich, die Stimmen sind dagegen mittig positioniert.

Westdeutscher Rundfunk (Ausschnitt)
Fortsetzung Zeitzeichen / Bernd Becher

Atmo / Atelier + Kamerabedienung: Das ist die Hasselblad, mit der ich photographiere!	Kondensatormikrophone, Nieren, Kleinmembran, XY-Stereophonie
Text: Candida Höfer, Photo-Künstlerin, Becher-Schülerin ...	
O-Ton / Höfer: Der Bernd hatte immer seine Einheitskleidung an.	Dynamisches Mikrophon, Niere
Text: ... beschreibt ihren Professor.	
O-Ton / Höfer: Soweit ich mich erinnere, war das ein blaues Hemd und ein Seemannspullover, er hatte Witz und Humor, auf den ich immer reingefallen bin.	

In einer anderen Passage des Zeitzeichens über den Photographen Bernd Becher sollten die HörerInnen akustisch mitgenommen werden an den Ort der Handlung – die Kunstakademie Düsseldorf. Ein Student führt durch die einzelnen Werkstätten. Aufnahmetechnisch fiel hier die Wahl auf ein dynamisches Kugelmikrophon, das Laufen und Türenöffnen ohne Störgeräusche und im richtigen Klangverhältnis zu den leiseren Hintergrundgeräuschen aufnimmt. Allerdings musste darauf geachtet werden, dass der Interviewpartner sehr nah und genau ins Mikrophon sprach.

Westdeutscher Rundfunk (Ausschnitt)
Fortsetzung Zeitzeichen / Bernd Becher

Atmo / Laufen / Türaufschließen / Scanner / Plattenkamera-Geräusche

Dynamisches Mikrophon, Kugel

Text: Die Kunstakademie Düsseldorf, heute. In der Photoklasse laufen Scanner und Computer, die Dunkelkammern werden nur selten genutzt, aber in Raum 105 findet Student Philipp Rühr noch einen Kommilitonen, der mit Plattenkameras photographiert.

Atmo / (darüber) O-Ton Rühr: David arbeitet anders als die meisten in der Klasse mit einer Großformatkamera, wie es damals in der Becherklasse immer gemacht wurde. Zur Plattenkameratechnik gehört erst mal eine Kamera mit verstellbaren Platten, so dass man gerade Linien bekommt, die Qualität ist unerreicht und dazu gehört ein Stativ für die Kamera und eine Blitzanlage, die aufwändig ist.

Dynamisches Mikrophon / Kugel, Nahbesprechung durch Philipp Rühr, Atelier-Atmo im Hintergrund gut zu hören

TEXT: Bernd Becher arbeitet sein Leben lang mit derselben Technik...

O-TON / Bernd Becher: Ne' normale 13 X 18 Plattenkamera.

TEXT: ... und bleibt auch seinem Thema treu: Industriebauten und Häuser.

Extra-Atmo-Aufnahme für die Abmischung: XY-Stereophonie, Kondensatormikrophone / Nieren

Um den Klangraum (Atmo) im Beitrag stereophon und fülliger wirken zu lassen, wurden mit Kondensatormikrophonen die Geräusche noch einmal extra aufgenommen und bei der Montage unterlegt.

Aufnahmetechnik

In diesem Kapitel geht es um die Aufnahme von Geräuschen und Klängen (Atmo), Originaltönen (O-Töne) und das Einsprechen von Texten. Zunächst ein Wort zur Sprachaufnahme. Digitale Systeme ermöglichen die Komplettproduktion eines Radiobeitrages am heimischen Schreibtisch und unterwegs. Allerdings erfordert eine professionelle Sprachaufnahme einen schallisolierten, möglichst nicht zu kleinen Raum. Der Einbau ist aufwändig und teuer. Deswegen empfiehlt es sich Feature- und Reportagebeiträge im Sender einzusprechen. Die strengen Akustikauflagen gelten inzwischen nicht mehr für die aktuellen Produktionen. Schnelligkeit hat in diesem Fall oberste Priorität und dank digitaler Produktion kann ein Bericht zu jeder Zeit, von jedem Ort aus überspielt werden.

Um die Umgebungsgeräusche möglichst gering zu halten, kommen hier dynamische Nahbesprechungsmikrophone zum Einsatz. Für Studioproduktionen kann man sich die klangvollen, großmembranigen Kondensatormikrophone gönnen, die eine Phantomspeisung brauchen, aber die Stimme gut zur Geltung bringen.

Für Atmoaufnahmen sind kleinmembranige Kondensatormikrophone die erste Wahl. Die im vorigen Kapitel beschriebene Klangklarheit ermöglicht die Aufzeichnung von

Aufnahmetechnik

differenzierten Geräuschen und Akustikräumen. Allerdings sind diese Mikrophone sehr windempfindlich, so dass für Außenaufnahmen zwei Tonaccessoires wichtig sind: Windschutz und Kopfhörer. Beim Mitschnitt von Aufführungen und Live-Events kommt noch der Einsatz eines Stativs dazu. Um die Stimme präsent und die Lauf- und Zuschauergeräusche gering zu halten, werden die in Stereoposition angeordneten Mikrophone oberhalb der Schallquelle positioniert. Hier ein Beispiel aus der Praxis. Um die Dramatik und Spielfreude bei Theater und Fußball zu vergleichen, wurden für das Feature „Da steh' ich nun ich armer Tooor" die Theaterleute als Reporter im Stadion positioniert und die Fußballvertreter im Theater. Neben der Aufnahme von Theater- und Fußballatmo ging es darum, die Interviews während der laufenden Vorstellung und des laufenden Spiels zu führen.

Westdeutscher Rundfunk – Radio Bremen – Deutschlandfunk
Feature (Ausschnitt)
„Da steh' ich nun ich armer Tooor"
Ein sportliches Radioschauspiel
Von Petra Weber

Theaterstimme: Kommentiert wird mit vertauschten Rollen. Der Theaterintendant berichtet über das Fußballgeschehen im Weserstadion. Der Fußballfan und der Vereinsmanager haben die Bremer Bühne kritisch im Blick.

Blende Atmo / Theater: Hochzeitssong Dreigroschenoper.

Atmo-Aufnahme über Mischpult der Tontechnik

Blende (darüber) Theaterstimme und Fußballstimme: Zunächst meldet sich Werder-Fan Jens Schneider aus einer Vorstellung der Dreigroschenoper.

Atmo / Theater: Hochzeitssong Dreigroschenoper.

Blende (darüber) O-Ton / Jens Schneider: Jetzt läuft gerade die Hochzeitsszene ab, bei Mackie Messer. Also Mackie Messer und seine Bande brechen in einen Pferdestall ein und bauen einen Tisch auf und wollen da feiern.
Auf einmal kommt der Ehrengast, der Polizeipräsident von London. Der Obergangster trifft sich mit dem Polizeipräsidenten auf seiner Hochzeit und sie feiern zusammen, ohne dass er belangt wird. Witzige Situation, die eigentlich auch in die Gegenwart übertragen werden könnte. Solche Vetternwirtschaften soll's ja heute auch noch geben.

<small>Dynamisches Nahbesprechungsmikrophon</small>

<small>Bei Musik im Hintergrund ist besonders auf die Aufnahme zu achten, da in der Nachbearbeitung nur rhythmisch geschnitten werden kann</small>

Atmo / Theaterprobe / Schauspieler: He, hehehe, Oberon feiert hier sein Fest / Regisseur: Ja, schön egoistisch, komm, komm, komm, dieser Raum ist von uns gemietet, ja / Schauspieler: Oberon feiert hier sein Fest, gib acht, dass ihr ihm nicht vor Augen kommt heut nacht, denn er spukt Gift und Hass.

<small>Atmo-Aufnahme Kondensatormikrophone, XY-Stereophonie auf Stativ</small>

Blende / Atmo Theater (darüber) Fußballstimme und Theaterstimme: Danke Jens Schneider. Ich höre gerade von Werder-Manager Willi Lemke, dass auch die Sommernachtsprobe soeben begonnen hat.

Kreuzblende / Atmo Theaterprobe / O-Ton mit Atmo / Willi Lemke: Der Puck hat sich jetzt katzenähnlich in die Baumkulisse geschwungen, eine junge, hübsche, in weiß gekleidete Dame kommt den Laufsteg heruntergeschritten, während Oberon sich hin und her begibt auf der Bühne. Der Regisseur ist mittlerweile auch auf die Bühne gegangen wie ein Dirigent, mit den Händen nach oben, den Zeigefinger auch jeweils in die Luft gestreckt, und gibt Anweisungen. Die Bühnentechniker haben sich zur Frühstückspause diskret zurückgezogen.

Kondensatormikrophon Niere, Nahbesprechung durch Willi Lemke

Atmo-Aufnahme Kondensatormikrophone, XY-Stereophonie auf Stativ

Kreuzblende / Atmo Fußballspiel / Theaterstimme: Tor! Tor! Tor im Weserstadion!

Atmo Fußballspiel (darüber) Fußballstimme: Wir unterbrechen Willi Lemke, denn im Weserstadion ist nach wenigen Spielminuten das erste Tor gefallen. Darum sofort zu Intendant Klaus Pierwoß mit dem Spiel Werder gegen Stuttgart.

Westdeutscher Rundfunk – Radio Bremen – Deutschlandfunk
Feature (Ausschnitt)
Fortsetzung / Ein sportliches Radioschauspiel

Atmo / Training: Zuspielübungen

Blende (darüber) O-Ton mit Atmo / Bochumer Theaterintendant Leander Haußmann: Ganz sicher haben wir viele Gemeinsamkeiten. Sie spielen, wie auch wir spielen. Nur dass man im Fußball weniger mogeln kann als im Theater und dass die Ergebnisse klarer zu analysieren sind als im Theater. Ich gehe ganz gern ins Stadion und gucke mir das ganz gerne an, habe aber nicht so diesen Antrieb, den so viele an unserem Theater haben und die auch dadurch meinen Probenprozess sehr stören, indem sie sich heimlich zum Beispiel bei der Abendprobe zum Fernseher begeben und dort Spiele verfolgen, die nicht unbedingt etwas mit unserer Probe zu tun haben. Ich musste schon Fußballverbot aussprechen, hat sich bloß keiner dran gehalten.

Atmo-Aufnahme, XY-Stereophonie, kleinmembranige Kondensatormikrophone mit Windschutz

Vor und nach dem „bewegten" Interview Extra-Atmo-Aufnahme

Kreuzblende / Atmo Stadion (darüber) O-Ton / Chefdramaturg Klaus-Dieter Köhler: Wenn man ins antike Griechenland zurückgeht, muss man davon ausgehen, dass die Olympischen Spiele in Stadien stattgefunden haben.

XY-Stereophonie, kleinmembranige Kondensatormikrophone auf Stativ

Und da haben auch Theateraufführungen stattgefunden, die sich manchmal auf den ganzen Abend erstreckt haben und richtige Feste waren. Und diese Feste, die damals im Theater gefeiert wurden, die werden heute auch in den Stadien gefeiert, wenn zum Beispiel eine Heimmannschaft gewinnt oder wenn man aufsteigt, und ich glaube, das verbindet sehr viel Theater und Fußball miteinander, diese Lust zu feiern oder gemeinsam zu trauern wie in der Tragödie. Also, wenn Trier jetzt heute Abend verliert, wird sicherlich eher getrauert werden, wenn sie gewinnen, wird gefeiert werden, und diese Emotionen haben eine Menge mit Theater zu tun, mit Erleben zu tun.

Kondensatormikrophon Niere, Nahbesprechung durch Klaus-Dieter Köhler

Für Reportagen, bei denen der Einsatz von Mikrophonen möglichst nicht zu sehen sein soll, um eine bewegliche und authentische Aufnahmesituation zu erzeugen, sei der Einsatz von Kunstkopfmikrophonen noch erwähnt. Sie werden in die Ohren gesteckt und erzeugen dadurch eine der menschlichen Wahrnehmung sehr ähnliche Akustik.

Montage

Es gibt zahlreiche unterschiedliche Softwaresysteme, das Grundprinzip des digitalen Schnittes ist jedoch vergleichbar. Die produzierten Klänge und Stimmen (Audiofiles) werden per Datenkarte oder USB-Verbindung auf den Computer übertragen. Die Aufnahme wird auf einer sogenannten

„timeline" in Wellenform dargestellt. Laute Töne erzeugen einen höheren Ausschlag in der Darstellung als leise, mit einer gewissen Übung lassen sich Worte lesen. So erzeugen überflüssige „ähs" und „hms" die gleiche graphische Darstellung und lassen sich schnell finden und herausschneiden. Schneiden bedeutete im analogen Zeitalter ja wirklich das Band durchzutrennen und gekürzt wieder zusammenzukleben. Im digitalen Schnittprogramm wird die Stelle per Mausklick oder Tastaturbefehl markiert und gelöscht. Während des Abhörens läuft eine Markierung durch die Wellenform, so dass man immer sieht, was man hört.

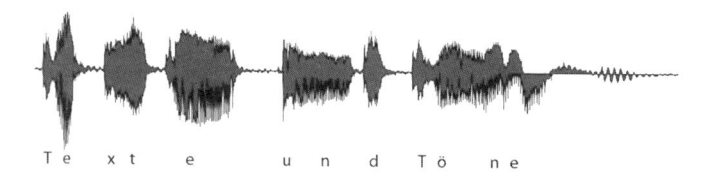

Wellenformdarstellung

Texte, Töne, Atmo und Musik werden auf verschiedene Tonspuren platziert und lassen sich einzeln bearbeiten. Auf dem Bildschirm erscheint eine Lautstärkekurve, die sich per Mausklick hoch- und runterziehen lässt, dadurch wird der Ton aus- und eingeblendet. Ist ein Digital Audio Workstation Controller oder ein externes Mischpult angeschlossen, kann die Lautstärke auf den verschiedenen Spuren per Regler bedient werden. Digitale Schnittprogramme bieten auch

Standardblenden an, die einfach per Mausklick oder Tastaturbefehl aktiviert werden können.

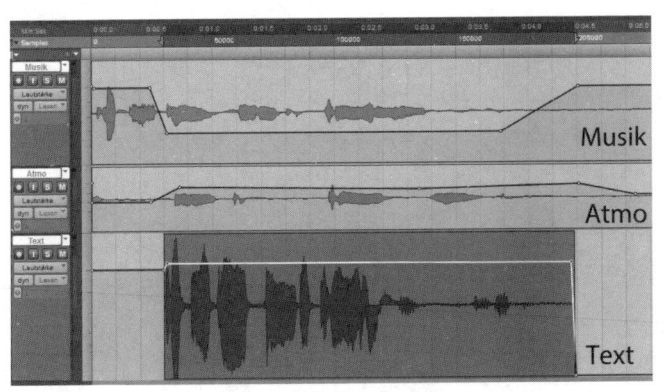

Abbildung einer mehrspurigen Aufnahme

Aufnahmefehler lassen sich bis zu einem gewissen Grad bei der Montage korrigieren. Untersteuerte Töne können nachgepegelt, leichte Windgeräusche weggefiltert werden, ebenso Hintergrundrauschen oder Hall, der die Stimmen überlagert. Nachträglich beeinflussbar sind auch Höhen und Tiefen, für zischelnde S-Laute gibt es sogar einen speziellen Filter, den „De-Esser". Zaubern kann man aber auch in digitalen Programmen nicht, Telephonaufnahmen hört man ihre Herkunft an, konstant übersteuerte Töne sind und bleiben verzerrt. Es zahlt sich inhaltlich aus, wenn man schon bei der Aufnahme die Dramaturgie des Beitrages im Kopf und die Qualität der Töne im Ohr hat.

6. Bildübertragung

Was passiert mit Texten & Tönen, wenn das Bild mit ins Spiel kommt? Alle Verständlichkeits- und Qualitätsregeln sind weiterhin gültig, aber das Interesse des Publikums für die Inhalte wird durch die Optik geweckt: mit Bildern, Überschriften und Vorspännen. Um Radiobeiträge im Internet vermarkten zu können, bekommen JournalistInnen den Auftrag mit auf den Weg, doch auch ein paar Photos vom Reportage-Einsatz mitzubringen. Oder – die bedienungsfreundlichen digitalen Kameras machen es möglich – sogar ein kleines Filmchen. Statt der fürs Hören geschriebenen Anmoderationen sind kreative Überschriften und knackige Text-Vorspänne (Teaser) gefragt. Nea Matzen hat in ihrem Buch „Online-Journalismus" die wichtigsten Überschriften-Prinzipien zusammengefasst und die einprägsame Rudi-Regel für Teaser aufgestellt:

Relevant:
– Der Teaser muss den Kern des Themas in zwei bis drei Sätzen treffen.
– Doppelinformationen und wörtliche Wiederholungen vermeiden.

Unvollständig:
- Wenn es angemessen ist, ein W weglassen, um Neugier zu wecken.
- Mit Andeutungen neugierig machen (Cliffhanger).

Direkt:
- Aktiv formulieren, starke Verben benutzen, möglichst konkret schreiben (Bilder im Kopf der Leser entstehen lassen).
- Schlanker Satzbau, Füllwörter streichen.

Interessant:
- Einzigartigkeit des Textes darstellen.
- Nutzwert der Information deutlich machen.
- Perlen des Textes (her)ausstellen.

Für das Hören geschriebene Texte und qualitativ hochwertige Töne lassen sich im Internet ausgezeichnet multimedial verwerten: als Tonbeitrag zum Text oder als gesprochene Videokolumne oder als akustischer Diavortrag – die bei Internetnutzern sehr beliebte „Audioslideshow".

Im Oktober 2013 konnten Fernsehzuschauer zum ersten Mal eine Fußballübertragung mit Radioton kombinieren. Ein Angebot von ARD und ZDF, das sich nicht nur an Sehbehinderte richtet, sondern auch an alle Fernsehzuschauer, die das Bild mit dem emotional eindringlichen Radioton kombinieren wollen. Ein großes Kompliment an den überzeugenden Stimmauftritt der HörfunkreporterInnen!

Für den Gebrauch dieses Lehrbuchs lässt sich daraus ableiten, dass das „Sprachwerkzeug" medien- und ressortübergreifend eingesetzt werden kann.

Literaturliste

Radiogeschichten
Schami, Rafik (2011): Die Frau, die ihren Mann auf dem Flohmarkt verkaufte. Oder wie ich Erzähler wurde. München: Carl Hanser Verlag.

Sprachwerkzeug
Brecht, Bertolt (1971): Geschichten vom Herrn Keuner. Frankfurt a.M.: Suhrkamp Verlag.
Der kleine Hey (1997): Die Kunst des Sprechens. Nach dem Urtext von Julius Hey. Neu bearbeitet und ergänzt von Fritz Reusch. Mainz: Schott Verlag.
Freytag, Gustav (1977): Die Journalisten. Stuttgart: Reclam Verlag.
Tucholsky, Kurt: Panter, Tiger & Co (1983). Hamburg: Rowohlt Verlag.

Textrezeptur
Deutsche Presseagentur (2013): Menschenkette um das Kanzleramt – Fluglärmgegner protestieren. 07. / 08.09.2013.
Kleist, Heinrich von (2004): Die Marquise von O . . . . Stuttgart: Reclam Verlag.
Marx, Bettina (2012): Was gesagt werden muss. Kommentar zu Günter Grass' Gedicht. WDR 4.4.2012.

rbb Rundfunk Berlin-Brandenburg (2013): Protest vor dem Kanzleramt. Menschenkette gegen BER-Fluglärm. 07.09.2013.
Süddeutsche Zeitung (2013): Streiflicht. 22.10.2012.
Teuthorn, Christina (2012): Ein Vulkan wird geboren. Mit Forschern vor der Kanareninsel El Hierro. SWR 24.4.2012.
Weber, Petra (1996): „Da steh' ich nun, ich armer Tooor!" Ein sportliches Radioschauspiel. WDR 9.12.1996 + 15.12.1996; Radio Bremen 21.4.1997; Deutschlandfunk 28.6.1998.
Wurzel, Steffen (2013): 7,5 Prozent Druck. Chinas Wirtschaftswachstum steht unter Beobachtung. Deutschlandfunk 26.08.2013.

Kreativitätskunde

Meyer, Jens-Uwe (2009): Journalistische Kreativität. Konstanz: UVK Verlagsgesellschaft.
Ortheil, Hanns-Josef (2012): Schreiben dicht am Leben. Notieren und Skizzieren. Mannheim: Duden-Verlag.
Pink, Ruth (1999): Kreativität im Journalismus. Abschied von der Routine. Bonn: ZV Zeitungs-Verlag Service.
Reckwitz, Andreas (2013): Die Erfindung der Kreativität. Zum Prozess gesellschaftlicher Ästhetisierung. Berlin: Suhrkamp Verlag.
Sage & Schreibe (1998) Ausgaben 9, 10, 11 und 12. Konstanz: UVK Medien Verlagsgesellschaft.
Vom Schreiben 1 bis 6. (1994 bis 1999) Marbacher Magazine 68, 69, 72, 74, 80 und 88. Marbach am Neckar: Deutsche Schillergesellschaft.

Tonetikette

Dickreiter, Michael; Dittel, Volker; Hoeg, Wolfgang; Wöhr, Martin (2008): Handbuch der Tonstudiotechnik, Hrsg.: ARD.ZDF medienakademie. Nürnberg: K.G. Saur Verlag.

Weber, Petra (2011): 80. Geburtstag des Photographen Bernd Becher. Zeitzeichen. WDR 3 / WDR 5 20.08.2011.

Weber, Petra (1996): „Da steh' ich nun, ich armer Tooor!" Ein sportliches Radioschauspiel. WDR 09.12.1996 + 15.12.1996; Radio Bremen 21.04.1997; Deutschlandfunk 28.06.1998.

Bildübertragung

digitalfernsehen.de: ARD und ZDF künftig mit alternativer Tonspur für Fußballspiele. 10.10.2013.

Hooffacker, Gabriele (2010): Online-Journalismus. Schreiben und Gestalten für das Internet. Ein Handbuch für Ausbildung und Praxis. Berlin: Econ.

Matzen, Nea (2011): Oneline-Journalismus. Konstanz: UVK Verlagsgesellschaft.

Ordolff, Martin; Wachtel, Stefan (2009): Texten für TV. Konstanz: UVK Verlagsgesellschaft.

Red Guide

Wolfgang Rumpf
Popmusik und Medien
Mit Grammophon, Schallplatte und Rundfunk beginnt die Entwicklung der heutigen Massenmedien. Seit den 1920er Jahren sind Medien, Phono- und Unterhaltungsindustrie Wachstumsbranchen. Dieser Band zeigt, wie der Markt für Jazz, Schlager und Popmusik entstand und wie rasant sich die Medienlandschaft (Radio, Film, Print) entwickelte: Von der Weimarer Republik über die NS-Zeit zum Nachkriegsdeutschland bis zum modernen Popradio und zum Dualen System, dem Nebeneinander von öffentlich-rechtlichen und privaten Sendern. Die Darstellung technischer Innovationen sowie der gesellschaftlich-kulturellen Begleitumstände runden das Bild ab.
Bd. 4, 2011, 104 S., 8,80 €, br., ISBN 978-3-643-11104-3

LIT Verlag Berlin – Münster – Wien – Zürich – London
Auslieferung Deutschland / Österreich / Schweiz: siehe Impressumsseite